REFORMA OU REVOLUÇÃO?

Rosa Luxemburgo

REFORMA OU REVOLUÇÃO?

Tradução de Lívio Xavier

2ª edição

EDITORA EXPRESSÃO POPULAR

São Paulo - 2019

Copyright © 1999, by Editora Expressão Popular

Projeto gráfico, diagramação e capa: *ZAP Design*
Revisão: *Ricardo Nascimento Barreiros*
Ilustração da capa: *Detalhe de tela* O arsenal (1928) *de Diego Rivera*
Impressão e acabamento: *Paym*

Dados Internacionais de Catalogação-na-Publicação (CIP)

L977r Luxemburgo, Rosa, 1871-1919
Reforma ou revolução? / Rosa Luxemburgo ; tradução de Livio Xavier. --2.ed. – São Paulo : Expressão Popular, 2019.
144p.

Indexado em GeoDados - http://www.geodados.uem.br
ISBN 978-85-7743-374-2

1. Ciência política. 2. Marxismo 3. Militarismo. 4. Socialismo. I. Xavier, Livio, trad. II.Título.

CDD 320.5315
CDU 316.26

Catalogação na Publicação: Eliane M. S. Jovanovich CRB 9/1250

Todos os direitos reservados.
Nenhuma parte deste livro pode ser utilizada ou reproduzida sem a autorização da editora.

2ª edição: outubro de 2019
2ª reimpressão: fevereiro de 2025

EDITORA EXPRESSÃO POPULAR LTDA
Alameda Nothmann, 806, Campos Elíseos
CEP 01216-001 – São Paulo – SP
atendimento@expressaopopular.com.br
www.expressaopopular.com.br
🅵 ed.expressaopopular
📷 editoraexpressaopopular

Sumário

Apresentação 7
Cronologia abreviada de Rosa Luxemburgo 13
Prefácio 17
O método oportunista 21
A adaptação do capitalismo 29
A realização do socialismo pelas reformas sociais 43
Política alfandegária e militarismo 53
Consequências práticas e caráter geral
do revisionismo 61
Desenvolvimento econômico e socialismo 73
Sindicatos, cooperativas e democracia política 85
A conquista do poder político 99
O desmoronamento 113
O oportunismo na teoria e na prática 119
Notas 127

Apresentação

César Benjamin

Rosa Luxemburgo nasceu em 1871, ano em que o povo francês proclamou a Comuna de Paris; atingiu a plena maturidade política e intelectual na década de 1910, marcada pela trágica experiência da Primeira Guerra Mundial; morreu assassinada em 1919, um ano depois da tomada do poder pelos bolcheviques russos. Sua vida transcorreu, como se vê, num período crítico de formação do mundo moderno.

Rosa era mulher, judia, polonesa e portadora, desde os cinco anos de idade, de uma deficiência física em uma das pernas. Na época, ainda mais do que hoje, todas essas condições conspiravam pesadamente contra um destino brilhante. Rosa as enfrentou. Ainda criança, falava fluentemente o alemão, o polonês e o russo. Depois, aprendeu corretamente o francês. Aos 13 anos, entrou para a escola secundária em Varsóvia, fato raro para uma menina.

Graduou-se ali em 1887, com excelentes notas, mas não recebeu a medalha de ouro por sua "atitude rebelde" em relação às autoridades. Explica-se: nesse período, ingressou pela primeira vez em um movimento revolucionário clandestino.

Identificada pela polícia, deixou a Polônia numa carroça, escondida sob um monte de feno, para escapar da prisão e prosseguir os estudos. Na Universidade de Zurique (Suíça), estudou matemática, ciências naturais e direito. Com uma tese sobre o desenvolvimento industrial da Polônia, obteve ali o doutoramento em ciências políticas, coisa muito rara na época, tratando-se de uma mulher.

Os estudos ocupavam apenas parte de seu tempo. Através de exilados russos, entre os quais Plekhanov, conheceu a obra de Marx. Corajosa, boa escritora e excelente oradora, não tardou a se destacar. Na primavera de 1898, fixou-se em Berlim, ingressando no Partido Social-Democrata Alemão (SPD), que ocupava uma posição central no movimento socialista de então.

Fundado em 1875 sob a autoridade política, teórica e moral de Engels, o SPD fora colocado na ilegalidade três anos depois. Apesar disso, crescera rapidamente. Quando pôde retornar à vida legal, em 1890, já representava uma força significativa na sociedade alemã. Controlava um movimento sindical poderoso. Tinha os melhores teóricos. Formou uma bancada parlamentar grande e crescente, e obteve maioria em diversas províncias. Tornou-se o grande partido da Segunda Internacional.

Quando Rosa chegou a Berlim, o dirigente social-democrata Eduard Bernstein acabara de publicar uma série de artigos em *Neue Zeit* [*Novo Tempo*], revista teórica do SPD, refutando explicitamente as premissas básicas do marxismo. Defendia que a revolução era desnecessária, pois se poderia chegar ao socialismo através de reformas graduais do capitalismo, com a multiplicação de cooperativas de produção e consumo, o aumento do poder sindical e a ampliação da democracia parlamentar. O SPD, dizia Bernstein, devia deixar de ser o partido da revolução social, tornando-se o partido da reforma social. Em seguida, suas ideias foram consolidadas no livro *As premissas para o socialismo e as tarefas da social-democracia*.

Bernstein não estava só. Era amigo íntimo de toda a direção do SPD e diretor de uma das revistas do partido. Mais ainda: seus escritos correspondiam ao que já era a prática do SPD. Explicitavam o que muitos dirigentes pensavam, mas até então relutavam em dizer. Além disso, as expectativas de sucesso da estratégia reformista não eram um delírio: na Europa como um todo, vivia-se um período prolongado de paz e prosperidade; na Alemanha em particular, as bancadas parlamentares e a organização sindical do SPD não paravam de crescer.

Junto com esse crescimento, desenvolviam-se, desde o final do século XIX, os sintomas de crescente integração do SPD à ordem capitalista. As coalizões eleitorais exigiam cada vez mais concessões programáticas, a burocracia sindical centrava sua preocupação em aumentos de salários e melhoras nas condições de trabalho. Os trabalhos de Bernstein ofereceram a base doutrinária que legitimava essas tendências. O prognóstico era claro: o capitalismo se tornava, cada vez mais, um sistema organizado, capaz de banir conflitos e crises. Tinha, pois, diante de si, um horizonte de desenvolvimento relativamente harmonioso, capaz de absorver as demandas dos trabalhadores. Para que, então, falar em revolução? Sintomaticamente, a direção do SPD preferiu não polemizar contra as posições de Bernstein. O principal teórico do partido, Karl Kautsky, alegou falta de tempo, sendo seguido pelos demais dirigentes, com exceção de Parvus, um emigrado russo. Coube então à jovem Rosa Luxemburgo – também ela, uma estrangeira – enfrentar o debate, através de dois artigos, escritos em setembro de 1898 e abril de 1899. Reunidos, eles foram transformados no livro *Reforma ou revolução*, publicado pela primeira vez em 1900. Desde então, ele se tornou um clássico da literatura revolucionária, e o nome de Rosa ganhou projeção.

O debate prosseguiu dentro do SPD e da Segunda Internacional durante vários anos. Graças, em parte, ao trabalho de Rosa, as posições de Bernstein foram derrotadas nos congressos de 1901 e 1903 do SPD, bem como no congresso de 1904 da Internacional. Mas a inversão da correlação de forças era questão de tempo, pois as burocracias partidária e sindical se fortaleciam. Em carta ao próprio Bernstein, publicada anos depois, Ignaz Auer, secretário do SPD, chegou a escrever: "Meu querido Ede [Eduard], não podemos tomar formalmente a decisão de fazer o que você sugere. Essas coisas não são para ser ditas, são para ser feitas."

Nos anos seguintes, o SPD teve uma trajetória brilhante. Em 1912 – enquanto os grupos revolucionários russos organizavam apenas centenas de homens e mulheres –, o partido alemão já ultrapassava a marca de um milhão de filiados, contava com 3.500 funcionários em tempo integral e comandava a maior bancada parlamentar do país, com

Apresentação

110 deputados que representavam 35% do eleitorado. Publicava 90 periódicos que reuniam 1,4 milhão de assinantes. Controlava cooperativas, organizações esportivas e culturais. O otimismo reformista parecia justificar-se.

Porém, no momento decisivo, o processo – não interrompido – de integração à ordem capitalista e degradação ideológica levou a uma decisão chocante, que representou um duríssimo golpe contra o movimento socialista europeu: em 1914, levando ao extremo o "realismo político", a poderosa bancada parlamentar do SPD – a mesma que dizia acreditar num "capitalismo organizado" capaz de evitar crises e conflitos – votou a favor da alocação de recursos, pelo Estado alemão, para financiar a deflagração da Primeira Guerra Mundial. Motivo alegado: essa decisão correspondia aos anseios patrióticos do eleitorado.

Só então a maioria dos revolucionários alemães, que havia permanecido no SPD como um tributo às suas origens, se deu conta da profundidade da crise política e ideológica desse partido. Era tarde demais para construir uma alternativa. Rosa foi logo presa, e a guerra produziu a maior carnificina até então conhecida na história humana.

Poucos anos depois, na Alemanha derrotada, uma crise revolucionária eclodiu. Repúblicas baseadas em conselhos de trabalhadores se multiplicaram nas cidades mais importantes. Em 1919, foi a vez de Berlim. Rosa estava lá, dirigindo a insurreição, quando o ministro social-democrata Noske, agindo com mandato do partido, entrou à frente das tropas militares que esmagaram o movimento. Rosa foi presa de novo e, desta vez, não a deixaram viver. No dia 15 de janeiro, foi executada com um tiro na nuca, aos 48 anos de idade.

Cronologia abreviada de Rosa Luxemburgo

1871
5 de março. Nasce em Zamisc, perto de Lublin, sudeste da Polônia. Era a mais jovem de cinco irmãos. De origem judaica, conhece uma dupla opressão: como polonesa em relação ao domínio da Rússia tsarista sobre sua região natal, e como judia em relação ao antissemitismo predominante na Polônia.

1887
Com 17 anos, adere ao Partido Socialista Revolucionário Proletariat.

1888
Emigra para Zurique, na Suíça, onde conhece exilados russos, entre os quais Plekhanov, Vera Zasulich e Parvus. Com Leo Jogiches (que será seu companheiro por 15 anos)

e Radek, funda o Partido Social-Democrata Internacionalista da Polônia.

1897
Adquire nacionalidade alemã. Conhece Karl Kautsky, Auguste Bebel e Clara Zetkin. Ataca simultaneamente o revisionismo que tomou conta do Partido Social-Democrata Alemão (SPD) e algumas posições de Lenin, que considera jacobinas.

1900
Publica *Reforma ou revolução*, em resposta às posições moderadas que vinham ganhando força no interior da social-democracia alemã.

1905
Entra para a redação da *Vorwärt*, revista do partido alemão.

1906
Participa da insurreição de Varsóvia, sendo presa em 4 de março. Graças à sua cidadania alemã, é libertada e regressa a Berlim. Assume a cadeira de Economia na escola do Partido Social-Democrata, em substituição a Rudolf Hilferding. A preparação de seus cursos serve para reunir material para sua grande obra em economia *A acumulação de capital*, publicada pela primeira vez em 1913.

1914
Explode a Primeira Guerra Mundial. A social-democracia alemã vota no Parlamento a favor dos créditos de guerra. O deputado Karl Liebknecht se opõe e é punido.

1915
Rosa é presa em 19 de fevereiro por fazer propaganda contra a guerra. Com exceção dos meses entre fevereiro e julho de 1916, passará na prisão todos os anos da Primeira Guerra Mundial.

1916
Em 19 de março, durante um curto período de liberdade, Rosa e Liebknecht organizam a primeira conferência nacional da Liga Espartaquista. Em 23 de agosto, Liebknecht é condenado a quatro anos de prisão.

1917
Em 18 de janeiro, o Partido Social-Democrata Alemão expulsa a oposição de esquerda. Em março, o tsarismo é derrubado na Rússia, abrindo um período de crise revolucionária que levará à Revolução de Outubro.

1918
A Alemanha é derrotada na guerra. Grandes greves em Berlim e outras cidades abrem um período de turbulência revolucionária. Formam-se conselhos operários. Em 20 de outubro, decreta-se anistia aos presos políticos. Aumenta a crise: os marinheiros se rebelam, ocorrem insurreições em Viena, Budapeste, Hamburgo, Hanover, Colônia e Munique. Rosa deixa a prisão em 8 de novembro. Dez dias depois, publica o primeiro número de *Die Rote Fahne* [*A bandeira vermelha*], órgão da Liga Espartaquista. Junto com Karl Liebknecht, ela se torna a principal liderança da Liga, passando a escrever a maior parte dos textos dessa corrente revolucionária. Entre 29 de dezembro e

1 de janeiro de 1919, um congresso transforma a Liga Espartaquista no Partido Comunista Alemão.

1919
Na primeira quinzena de janeiro, milícias revolucionárias e tropas do governo combatem em Berlim, Stuttgart, Nuremberg, Bremen e Dusseldorf. Os operários das grandes indústrias do vale do Ruhr declaram greve geral. Bremen é governada por uma República de Conselhos Operários. Inicia-se a contraofensiva militar do governo alemão, que conta com a participação do Partido Social-Democrata. Em 11 de janeiro, o social-democrata Noske entra em Berlim à frente das tropas militares. Rosa Luxemburgo e Karl Liebknecht são presos e executados juntos, com tiros na nuca, em 15 de janeiro. Dois meses depois, Leo Jogiches, companheiro de Rosa, tem o mesmo destino.

Prefácio

O título ácido desta obra pode surpreender, à primeira vista. Pode então a social-democracia ser contra as reformas? Pode opor-se a revolução social, a transformação da ordem existente, que constitui a sua finalidade, às reformas sociais? Certamente que não. A luta cotidiana pelas reformas, pela melhoria da situação do povo trabalhador no próprio quadro do regime existente, pelas instituições democráticas, constitui, mesmo para a social-democracia, o único meio de travar a luta de classe proletária e trabalhar no sentido da sua finalidade, isto é, a luta pela conquista do poder político e supressão do assalariado. Existe para a social-democracia um laço indissolúvel entre as reformas sociais e a revolução, sendo a luta pelas reformas o meio, mas a revolução social o fim.

É na teoria de Eduard Bernstein, tal como ele a expôs em seus artigos sobre os "Problemas do Socialismo", publicados na *Neue Zeit* em 1897 e 1898, e principalmente no seu livro intitulado *Die Voraussetzungen des Sozialismus und die Aufgaben der Sozialdemokratie** que encontramos pela primeira vez esta oposição dos dois fatores do movimento operário. Praticamente, toda essa teoria só tende a aconselhar a renúncia à transformação social, à finalidade da social-democracia, e a fazer, ao contrário, da reforma social – simples meio na luta de classe – o seu fim. É o próprio Bernstein que formula de modo mais claro e mais característico o seu ponto de vista, quando escreve: "O objetivo final, qualquer que seja ele, não me importa; o movimento é que é tudo".

Mas – constituindo a finalidade do socialismo o único fator decisivo que distingue o movimento social--democrata da democracia burguesa e do radicalismo burguês, o único fator que transforma todo o movimento operário, de um vão trabalho de remendão para salvar o regime capitalista, numa luta de classe contra esse próprio regime, pela sua supressão –, o dilema "reforma ou revolução?", tal como o põe Bernstein, equivale para a social--democracia à questão: "Ser ou não ser". Na controvérsia com Bernstein e seus partidários, todos no Partido devem compreender claramente que não se trata de tal ou qual método de luta, do emprego de tal ou qual tática, mas da própria existência do movimento socialista.

Mas, no caso em questão, é duplamente importante, para os operários, o conhecimento desse fato, porque é

---

* *Os fundamentos do socialismo e as finalidades da social-democracia.*

precisamente deles e de sua influência no movimento operário que se trata aqui, porque é bem a pele deles que se põe à venda aqui. A corrente oportunista no Partido, cuja teoria foi formulada por Bernstein, nada mais é do que uma tentativa inconsciente de garantir o predomínio dos elementos pequeno-burgueses aderentes ao Partido, e de transformar a seu talante a política e os fins do Partido. No fundo, a questão de reforma e revolução, da finalidade e do movimento, não é senão a questão do caráter pequeno-burguês ou proletário do movimento operário, numa outra forma.

Berlim, 18 de abril de 1899.
Rosa Luxemburgo.

O método oportunista

Se as teorias não passam de imagens dos fenômenos do mundo exterior na consciência humana, é preciso acrescentar, em todo o caso, no que concerne à teoria de Eduard Bernstein, que às vezes são imagens invertidas. Uma teoria da instituição do socialismo pelas reformas sociais, depois da completa estagnação do movimento pelas reformas sociais na Alemanha; do controle da produção pelos sindicatos, depois da derrota dos metalúrgicos ingleses; da conquista da maioria no parlamento, depois da revisão da Constituição saxônica e dos atentados contra o sufrágio universal! Mas o pivô da teoria de Bernstein não está, a nosso ver, em sua concepção das tarefas práticas da social-democracia, mas sim no que diz ele do curso do desenvolvimento objetivo da sociedade capitalista, e que aliás se relaciona estreitamente com a sua concepção das tarefas práticas da social-democracia.

Segundo Bernstein, um desmoronamento geral do capitalismo aparece como cada vez mais improvável; de um lado, porque o sistema capitalista manifesta uma capacidade de adaptação cada vez maior e, de outro, porque a produção se diferencia cada vez mais. A capacidade de adaptação do capitalismo manifesta-se, segundo Bernstein, em primeiro lugar, no desaparecimento das crises gerais, graças ao desenvolvimento do sistema de crédito e das organizações patronais, das comunicações e do serviço de informações; em segundo, na tenacidade das classes médias, como consequência da diferenciação crescente dos ramos de produção, e da elevação de grandes camadas do proletariado ao nível da classe média; em terceiro lugar, enfim, na melhoria da situação econômica e política do proletariado, consequente à ação sindical.

Para a sua luta prática, decorre, do que ficou dita, a conclusão geral de que não deve a social-democracia dirigir a sua atividade no sentido da conquista do poder político, mas da melhoria da situação da classe operária, e da instituição do socialismo, não como consequência de uma crise social e política, mas por meio da extensão progressiva do controle social e aplicação gradual do princípio da cooperação.

O próprio Bernstein nada vê de novo em sua teoria. Ao contrário, julga-a de conformidade tanto com certas declarações de Marx e Engels, quanto com a política geral da social-democracia. Contudo, parece-nos difícil negar que as concepções de Bernstein estejam, de fato, em formal contradição com as concepções do socialismo científico.

Se o revisionismo de Bernstein consistisse apenas em afirmar que a marcha do desenvolvimento capitalista é muito mais lenta do que se pensa em geral, isto, de fato, não teria outra consequência que o adiamento da conquista do poder pelo proletariado, com a qual, até agora, todos concordavam; resultaria, no máximo, numa diminuição do ritmo da luta.

Mas não é este o caso. Não é a *rapidez* do desenvolvimento da sociedade capitalista que Bernstein põe em causa, mas a *marcha* desse desenvolvimento mesmo, e por conseguinte da passagem ao regime socialista.

Se a teoria socialista afirmava até agora que o ponto de partida da transformação socialista seria uma crise geral e catastrófica, é preciso, a nosso ver, distinguir, a respeito, duas coisas: a ideia fundamental que se contém nessa teoria e sua forma exterior.

A ideia consiste na afirmação de que o regime capitalista, devido às suas próprias contradições internas, prepara por si mesmo o momento em que tem de ser desmantelado, em que se tornará simplesmente impossível. Que se tenha considerado esse momento sob a forma de uma crise comercial geral e catastrófica, não deixa de ser de importância inteiramente secundária para a ideia fundamental, embora houvesse para isso muito boas razões.

Baseia-se o fundamento científico do socialismo, como é sabido, em três resultados principais do desenvolvimento capitalista: primeiro, na *anarquia* crescente da economia capitalista, a qual conduz à sua ruína inevitável; segundo, na *socialização* crescente do processo de produção, que cria os germes do regime social futuro; e terceiro, no reforçamento crescente da *organização e da consciência* de classe do proletariado, que constitui o fator ativo da próxima revolução.

É o primeiro desses três pivôs fundamentais do socialismo científico que Bernstein suprime, pretendendo que o desenvolvimento capitalista não se encaminha para um *crack* econômico geral.

Mas, com isso, não é apenas uma determinada forma do desmoronamento do regime capitalista que ele rejeita, é o próprio desmoronamento. Diz textualmente: "Poder-se-ia objetar que, quando se fala do desmoronamento da sociedade atual, se tem em vista outra coisa que uma crise comercial geral e mais forte que as outras, isto é, um desmoronamento completo do sistema capitalista, consequente às suas próprias contradições". E a isso respondeu ele:

> Um desmoronamento completo e mais ou menos geral do sistema de produção atual se torna cada vez mais improvável, com o desenvolvimento crescente da sociedade, porque, com ele, aumenta de um lado, a capacidade de adaptação, e do outro – isto é, por isso mesmo –, a diferenciação da indústria[1].

Mas então se põe a questão capital: nesse caso, como e por que havemos de chegar, em geral, à finalidade de nossas aspirações? Do ponto de vista do socialismo científico, a necessidade histórica da revolução socialista manifesta-se antes de tudo na anarquia crescente do sistema capitalista, anarquia essa que o leva a um impasse. Mas se admitirmos com Bernstein que o desenvolvimento capitalista não conduz à sua própria ruína, então o socialismo deixa de ser objetivamente necessário. Das chaves mestras da explicação científica do socialismo só restam,

---

[1] *Neue Zeit*, 1897-1898, v. 18, p. 555.

então, os dois outros resultados do regime capitalista, isto é: a socialização do processo de produção e a consciência de classe do proletariado. É também o que Bernstein tem em vista quando diz:

> A supressão da teoria do desmoronamento em nada diminui a força de persuasão da doutrina socialista. Porque, se examinarmos atentamente, o que são os fatores todos por nós enumerados, de supressão ou modificação das crises antigas? Na verdade, nada mais que condições, e até mesmo, em parte, germes de socialização da produção e da troca"².

Basta contudo um pouco de atenção para que se compreenda que esta conclusão é igualmente falsa. Em que consiste a importância dos fenômenos caracterizados por Bernstein como meios de adaptação capitalista, isto é, dos cartéis, sistema de crédito, desenvolvimento dos meios de comunicação, melhoria da situação da classe operária etc.? Manifestamente, em que eles suprimem, ou pelo menos atenuam, as contradições internas da economia capitalista, e impedem o desenvolvimento e a agravação destas. Assim, a supressão das crises significa supressão do antagonismo entre a produção e a troca na base capitalista, a melhoria da situação da classe operária, quer como classe operária, quer na medida em que algumas de suas frações penetram na classe média, significa atenuação do antagonismo entre capital e trabalho. Mas se os cartéis, o sistema de crédito, os sindicatos etc., suprimem assim as contradições capitalistas, e se, por conseguinte, salvam da ruína o sistema capitalista, se permitem ao capitalismo conservar-se em vida – é por

---

² *Neue Zeit*, 1897-1898, v. 18, p. 554.

isso que Bernstein os chama de "meios de adaptação" – como podem eles, ao mesmo tempo ser "condições e mesmo, em parte, germes" do socialismo? Manifestamente, só no sentido de exprimirem eles, com maior clareza, o caráter social da produção. Mas, conservando-a na sua forma *capitalista*, tornam supérflua, inversamente, nessa mesma medida, a transformação dessa produção socializada em produção socialista. Eis porque só podem ser germes ou condições do regime socialista no sentido teórico, e não no sentido histórico, isto é, são fenômenos que, nós o sabemos em virtude de nossa concepção do socialismo, lhe são afins, mas, de fato, não só não conduzem à revolução socialista, como a tornam, ao contrário, supérflua. Portanto, resta apenas a consciência de classe do proletariado, como fator do socialismo. Mas, no caso vertente, esta última também é, não o simples reflexo intelectual das contradições crescentes do capitalismo e de sua derrocada próxima, uma vez que os meios de adaptação a impedem, mas um simples ideal, repousando sua força de persuasão unicamente nas perfeições que se lhe atribuem.

Em suma, chegamos assim a uma explicação do programa socialista por intermédio da "razão pura", o que quer dizer, em linguagem mais simples, uma explicação idealista, ao passo que a necessidade objetiva do socialismo, isto é, a explicação do socialismo por toda a marcha do desenvolvimento material da sociedade, cai. A teoria revisionista está diante de um dilema: ou a transformação socialista é, como em geral se admitia até agora, consequência das contradições internas do regime capitalista, e então, ao mesmo tempo que ele, se desenvolvem igualmente as contradições que o regime encerra, resultando daí que o seu desmoronamento, de uma forma ou outra, é inevitável, num momento dado, e nesse caso os "meios de adaptação" são ineficazes e a teoria do desmoronamento é justa. Ou então os "meios de adaptação" são realmente de natureza a impedir um desmoronamento do sistema capitalista e, por conseguinte, tornar o capitalismo capaz de se conservar com vida, portanto de suprimir as suas contradições; mas, nesse último caso, o *socialismo* deixa de ser uma necessidade histórica, e será então o que se queira, menos o resultado do desenvolvimento material da sociedade.

Este dilema leva a outro: ou o revisionismo tem razão no que diz respeito à marcha do desenvolvimento capitalista, e a transformação socialista da sociedade não passa de utopia, ou, então, o socialismo não é utopia, e logo a teoria dos "meios de adaptação" é errada. *That is the question.* É assim que se põe a questão.

A adaptação do capitalismo

O sistema de crédito, os meios de comunicação aperfeiçoados e as organizações patronais, são os meios mais importantes que produzem, segundo Bernstein, a adaptação da economia capitalista.

Quanto ao crédito, preenche ele, na economia capitalista, diversas funções, mas o seu papel mais importante, como se sabe, é aumentar a capacidade de extensão da produção e facilitar a troca. Onde quer que a tendência interna da produção capitalista à expansão ilimitada esbarre nos limites da propriedade privada, nas dimensões restritas do capital privado, o crédito aparece como meio de ultrapassar esses limites de maneira capitalista, de fundir num só capital muitos capitais privados – sociedades por ações – e de permitir que um capitalista disponha de capitais alheios – crédito industrial. Por outro lado, na qualidade de crédito comercial, acelera a troca de mercadorias e, por conseguinte, o refluxo do capital para a produção, ou, em outras palavras, todo o ciclo do processo de produção. É fácil compreender, a influência que essas duas funções principais do crédito exercem na formação das crises. Se as crises nascem, como se sabe, em consequência da contradição entre a capacidade de expansão, a tendência à expansão da produção e a capacidade de consumo restrita do mercado, o crédito é, precisamente, pelo que ficou dito acima, o meio específico de pôr em evidência essa contradição sempre que possível. Antes de tudo, aumenta de forma incomensurável a capacidade de expansão da produção e constitui a força motriz interna que a leva constantemente a ultrapassar os limites do mercado. Fere, porém, por dois lados. Depois de ter provocado a superprodução, na qualidade de fator do processo de produção, não deixa por isso de destruir com segurança, durante a crise, na qualidade de fator da troca, as forças produtivas criadas à sua custa. Ao primeiro sintoma da crise, o crédito desaparece, abandona as trocas, justamente quando seria, ao contrário, indispensável, e, onde ainda se oferece, apresenta-se como inútil e sem efeito, reduzindo assim ao mínimo, durante a crise, a capacidade de consumo do mercado.

Além desses dois resultados principais, o crédito age diversamente na formação das crises. Não constitui somente o meio técnico de fornecer a um capitalista capitais alheios disponíveis; é, ao mesmo tempo, para ele um estimulante para o emprego ousado e inescrupuloso da propriedade alheia, para especulações arriscadas, por conseguinte. Não só agrava a crise, na qualidade de meio dissimulado de troca das mercadorias, como lhe facilita a formação e a extensão, transformando toda a troca em um mecanismo extremamente complexo e artificial, com um mínimo de metal por base verdadeira, provocando assim, ao menor pretexto, perturbações nesse mecanismo.

Assim, em vez de um meio de supressão ou atenuação das crises, o crédito, ao contrário, não é senão um meio particularmente poderoso de formação das crises. Aliás, não podia ser de outro modo. A função específica do crédito consiste, de fato – para falar de um modo geral – em eliminar o resto de fixidez de todas as relações capitalistas, em introduzir por toda parte a maior elasticidade possível, e em tornar todas as forças capitalistas extensíveis, relativas e sensíveis ao mais alto grau. É evidente que com isso ele só facilita e agrava as crises, que outra coisa não são senão o choque periódico das forças contraditórias da economia capitalista.

Mas isto nos leva a outra questão, a saber como pode o crédito, de modo geral, apresentar-se como "meio de adaptação" do capitalismo. Quaisquer que sejam o prisma e a forma sob os quais se imagine essa "adaptação" devida ao crédito, manifestamente ela só pode consistir na supressão de um dos antagonismos da economia capitalista, na supressão ou atenuação de uma de suas contradições, e na liberdade de movimento assim facultada, num ponto qualquer, às forças encadeadas. Todavia, se existe na economia capitalista atual um meio de agravar ao máximo os seus antagonismos, é ele, precisamente, o crédito. Agrava o antagonismo entre *o modo de produção e o modo de troca*, estendendo a produção ao extremo e paralisando a troca ao menor pretexto. Agrava o antagonismo entre *o modo de produção e o modo de apropriação*, separando a produção da propriedade, transformando o capital empregado na produção em capital social, mas transformando também uma parte do lucro, sob a forma de juros do capital, em simples título de propriedade. Reunindo, em poucas mãos, pela expropriação de muitos pequenos capitalistas, imensas forças produtivas, agrava o antagonismo entre as relações de *propriedade* e as relações de *produção*. Enfim, tornando necessária a intervenção do Estado na produção (sociedades por ações), agrava o antagonismo entre o caráter *social* da produção e a *propriedade* capitalista *privada*.

Em suma, o crédito reproduz todos os antagonismos fundamentais do mundo capitalista, acentua-os, precipita o desenvolvimento, fazendo correr o mundo capitalista para a sua própria supressão, isto é, para o desmoronamento. Por conseguinte, o primeiro meio de adaptação para o capitalismo com relação ao crédito deveria consistir em suprimir o crédito, quebrá-lo. Tal como é, em vez de meio de adaptação do capitalismo, constitui, ao contrário, um meio de destruição do maior alcance revolucionário. Este caráter revolucionário do crédito chegou até a inspirar planos de reforma socialista e fez aparecerem grandes representantes do crédito, tais como Isaac Péreire na França, os quais eram meio profetas, meio ladrões, como dizia Marx.

Igualmente frágil se nos apresenta, ao examiná-lo, o segundo "meio de adaptação" da produção: as associações patronais. Segundo Bernstein, essas associações patronais devem pôr termo à anarquia e impedir o aparecimento das crises, regulamentando a produção. Sem dúvida, o desenvolvimento dos trustes e cartéis é um fenômeno ainda não estudado a fundo em suas múltiplas repercussões econômicas. Representa um problema que só com o auxílio da doutrina marxista se pode resolver. Em todo caso, uma coisa é certa: que não se poderia falar de um represamento da anarquia capitalista pelas associações patronais senão na medida em que os cartéis, trustes etc., se tornassem, ainda que só aproximadamente, uma forma de produção geral, dominante. Mas isto está excluído, precisamente pela natureza mesmo dos cartéis. A finalidade econômica e o resultado das associações patronais consistem em influir, por meio da supressão da concorrência interna, num ramo qualquer da produção, na repartição do total do lucro realizado no mercado, visando aumentar a parte que toca àquele ramo de indústria. A organização só pode aumentar a taxa de lucro num ramo de indústria à custa dos outros, e é precisamente por isso que não pode ser generalizada. Estendendo-se a todos os ramos importantes da indústria, ela eliminará com isso o seu próprio resultado.

Mas, mesmo nos limites de sua aplicação prática, as associações patronais dão resultado precisamente contrário à supressão da anarquia. Em geral os cartéis só conseguem esse aumento do lucro no mercado interno, empregando na produção para o exterior, com uma taxa de lucro muito mais módica, a parte suplementar do capital, que não podem utilizar para as necessidades internas, isto é, vendendo as suas mercadorias no estrangeiro por preços mais baixos que no interior do país. Daí resulta uma agravação da concorrência no exterior, um reforçamento da anarquia no mercado mundial, quer dizer, precisamente o contrário do que se tinha em mira. Prova-o, entre outras, a história da indústria açucareira mundial.

Enfim, de maneira geral, como manifestação do modo de produção capitalista, as associações patronais só podem ser consideradas como uma fase provisória, como um período determinado do desenvolvimento capitalista. E, com efeito, os cartéis afinal nada mais são senão um meio do modo de produção capitalista para reter a queda fatal da taxa de lucro em certos ramos da produção. Mas qual o método empregado pelos cartéis, para esse fim? Essencialmente, não é outra coisa senão o ato de alqueivar uma parte do capital acumulado, isto é, o mesmo método empregado nas crises, sob outra forma. Mas tal remédio se assemelha à doença tanto quanto uma gota d'água a outra e só até certo ponto pode ser considerado como o menor mal. Comecem os escoadouros a restringir-se, estando o mercado mundial estendido ao extremo e esgotado pela concorrência dos países capitalistas – e indubitavelmente não se pode negar que esse dia chegará, mais cedo ou mais tarde – e então o alqueive parcial forçado do capital assumirá dimensões tais que o remédio será transformado em moléstia e que o capital, já fortemente socializado pela organização, retomará a forma de capital privado. Diante da crescente dificuldade de encontrar escoadouros, cada uma das partes do capital privado preferirá experimentar isoladamente a sua sorte. Nesse momento, as organizações estourarão como bolhas de sabão, dando lugar a uma concorrência agravada[3].

---

[3] Numa nota do terceiro tomo de *O capital*, F. Engels escreveu em 1894: "Depois de terem sido escritas as linhas acima (1865), a concorrência aumentou consideravelmente no mercado mundial, graças ao rápido desenvolvimento da indústria em todos os países civilizados, principalmente na América e Alemanha. A constatação de que o rápido e gigantesco crescimento das forças produtivas modernas exorbita cada vez mais das leis da troca capitalista de mercadorias, em cujo quadro devem mover-se essas forças, é coisa que se impõe hoje com evidência cada vez maior, até mesmo à consciência dos capitalistas.

Por conseguinte, os cartéis assim como o crédito aparecem, de modo geral, como fases determinadas do desenvolvimento, que, em última análise, não fazem mais que agravar a anarquia do mundo capitalista, exprimir e amadurecer todas as suas contradições internas. Agravam o antagonismo existente entre o modo de produção e o de troca, aguçando a luta entre produtores e consumidores, como se dá principalmente nos Estados Unidos. Agravam, além disso, o antagonismo entre o modo de produção e o modo de apropriação, opondo à classe operária, do modo mais brutal, a força superior do capital organizado, e com isso levando ao extremo antagonismo entre capital e trabalho.

Enfim, agravam as contradições entre o caráter internacional da economia capitalista mundial e o caráter nacional do Estado capitalista, porque se fazem sempre acompanhar de uma guerra geral de tarifas, aguçando assim os antagonismos entre os diferentes Estados capitalistas. Acrescentem-se a isso as repercussões, revolucionárias no mais alto grau, que exercem os cartéis na concentração da produção, no seu aperfeiçoamento técnico etc.

Em dois sintomas esta constatação se evidencia melhor. Primeiro, na nova mania protecionista que se generalizou e difere do antigo sistema protecionista, principalmente no fato de proteger sobretudo os artigos mais aptos à exportação. Em seguida, nos trustes e que os fabricantes de importantes esferas da produção regulamentam essa produção e, por conseguinte, os preços e lucros. É evidente que só numa situação econômica relativamente favorável são possíveis essas experiências. A primeira perturbação as aniquilará, demonstrando que, se bem careça a produção ser regulamentada, seguramente não é à classe capitalista que caberá fazê-lo. Por enquanto, esses trustes ou cartéis têm um único fim: tomar todas as medidas para que os pequenos sejam comidos pelos grandes ainda mais depressa do que antes". (*O capital*, tomo IX, pp. 204-205, edição Costes).

Assim, não só os trustes e cartéis não aparecem, em suas repercussões finais sobre a economia capitalista, como "meio de adaptação" de natureza a atenuar as contradições, mas antes como um dos meios que essa mesma economia cria em vista do reforçamento de sua própria anarquia, do desenvolvimento de suas contradições internas, da aceleração de sua própria decadência.

Mas se o sistema de crédito, se os cartéis etc., não suprimem a anarquia do mundo capitalista, como se explica que não tenhamos tido, durante duas décadas, desde 1873, nenhuma grande crise comercial? Não é este um sintoma de que o modo de produção capitalista "se adaptou", de fato –, pelo menos nas linhas gerais – às necessidades da sociedade, contrariamente à análise feita por Marx? Resposta não se fez esperar. Mal acabava Bernstein de refutar, em 1898, a teoria de Marx sobre as crises, surgiu em 1900 uma profunda crise, e outra sete anos mais tarde, que, vinda dos Estados Unidos, se estendeu pelo mercado mundial. Assim, mesmo a teoria da "adaptação" do capitalismo demonstrou ser falsa, à vista de fatos evidentes. Os mesmos fatos provaram também que os que abandonaram a teoria das crises de Marx, unicamente por não se ter verificado crise alguma durante dois "termos" sucessivos confundiam a essência dessa teoria com um de seus aspectos exteriores secundários – com o ciclo de dez anos. Todavia, a fórmula do ciclo da indústria capitalista moderna, como período decenal, não passava, da parte de Marx e Engels, em 1860 e 1870, de simples constatação dos fatos, que por sua vez não se baseavam numa lei natural, mas sim numa série de circunstâncias históricas dadas, relacionadas com o surto inicial do capitalismo o qual se fazia por saltos.

Com efeito, a crise de 1825 resultou de grandes inversões de capital na construção de estradas e canais e usinas de gás, que se verificaram no correr da década precedente, principalmente na Inglaterra, onde a crise eclodiu. Do mesmo modo, a crise seguinte, de 1836-1839 foi consequência de formidáveis inversões na construção dos meios de transporte. Como se sabe, a crise de 1847 foi provocada pela febre de construções de estradas de ferro na Inglaterra (de 1844 a 1847, isto é, em três anos apenas, o Parlamento inglês deu em concessão linhas férreas no valor de um bilhão e meio de táleres, mais ou menos). Foram, por conseguinte, nestes três casos, formas diversas de *nova constituição* da economia capitalista, de estabelecimento de novas bases do desenvolvimento capitalista, que acarretaram as crises. Em 1857, foi principalmente a abertura súbita de novos escoadouros para a indústria europeia na América e Austrália em consequência da descoberta de minas de ouro, e depois, em especial na França, onde se seguiu o exemplo da Inglaterra, construindo-se numerosas linhas férreas (de 1825 a 1856, construíram-se na França, com 1.250 milhões de francos, novas linhas férreas), que provocou a crise. Enfim, a grande crise de 1873 foi, como se sabe, consequência direta da nova constituição, do primeiro surto da grande indústria na Alemanha e na Áustria, seguindo-se aos acontecimentos políticos de 1866 e 1871.

Portanto, a extensão brusca do domínio da economia capitalista, e não o seu retraimento, tem sido sempre, até agora, a causa das crises comerciais. Que essas crises internacionais se tenham repetido precisamente de dez em dez anos, é fato puramente exterior, casual. O esquema marxista da formação das crises, tal como o expuseram Engels e Marx, o primeiro no *Anti-Dühring* e o segundo nos 1º e 3º volumes de *O capital*, só se aplica com justeza a todas as crises na medida em que descobre o seu mecanismo interno e suas causas gerais profundas.

É possível que as crises se reproduzam depois de dez ou de cinco anos, ou então sucessivamente em vinte e em oito anos. Mas o que prova melhor a falsidade da teoria bernsteiniana é o fato de ter a última crise, de 1907-1908, atingido o máximo de violência precisamente nos países em que são mais desenvolvidos os célebres "meios de adaptação" capitalistas: o crédito, os meios de comunicação e os trustes.

A ideia de que a produção capitalista poderia "adaptar-se" à troca supõe, de duas uma: ou que o mercado mundial cresce de modo ilimitado, ao infinito, ou então, ao contrário, que o desenvolvimento das forças produtivas é entravado, a fim de que não extravase dos limites do mercado. A primeira hipótese constitui uma impossibilidade material, e quanto à segunda, também se torna impossível em face dos progressos constantes da técnica, em todos os domínios da produção, criando dia a dia novas forças produtivas.

Resta ainda um fenômeno que, segundo Bernstein, contradiz a marcha que acabamos de indicar do desenvolvimento capitalista: a "falange inabalável das empresas médias". Vê-se nisso um sinal de que o desenvolvimento da grande indústria não age num sentido tão revolucionário, nem exerce tais efeitos, do ponto de vista da concentração das empresas, como seria de esperar segundo a "teoria" do desmoronamento. Mas, aqui, Bernstein é vítima unicamente de sua própria incompreensão. Porque, na verdade, imaginar que o desenvolvimento da grande indústria deve necessariamente ter por consequência a eliminação progressiva das empresas médias, é compreendê-lo de modo inteiramente errôneo.

Na marcha geral do desenvolvimento capitalista, os pequenos capitais, segundo a teoria marxista, desempenham precisamente o papel de pioneiros da revolução técnica, e mesmo sob dois aspectos, tanto no que concerne aos novos métodos de produção nos ramos antigos e mais sólidos como no tocante à criação de novos ramos de produção, ainda não explorados pelos grandes capitais. É absolutamente errôneo imaginar-se que a história das médias empresas capitalistas progride retilineamente no sentido do seu desaparecimento progressivo. Ao contrário, aqui também o curso real do desenvolvimento é todo dialético e move-se constantemente entre contradições. Tanto quanto a classe operária, estão as classes médias capitalistas sob a influência de duas tendências antagônicas, uma ascendente, outra descendente. No caso vertente, a tendência descendente é a elevação contínua da escala de produção, que periodicamente transborda das dimensões dos capitais médios e repetidamente os afasta do terreno da concorrência mundial. A tendência ascendente é a depreciação periódica do capital existente que, repetidamente, baixa, por um certo tempo, a escala de produção, conforme o valor do mínimo de capital necessário, e também a penetração da produção capitalista em esferas novas. A luta das empresas médias contra o grande capital não deve ser considerado como uma batalha regular, com o aniquilamento cada vez mais direto e quantitativo dos exércitos da parte mais fraca, e antes como uma ceifa periódica dos pequenos capitais, que sempre tornam a brotar rapidamente para ser de novo ceifados pela grande indústria. Das duas tendências que jogam com as classes médias capitalistas como com uma bola, é, em última instância, a descendente que vence, ao contrário do que se dá no desenvolvimento da classe operária. Não é, contudo, indispensável que se manifeste pela diminuição numérica absoluta das empresas médias, mas, em primeiro lugar, pelo aumento progressivo do capital mínimo necessário ao funcionamento das empresas nos ramos antigos de produção, e, segundo, pela diminuição constante do prazo de manutenção, por porte dos pequenos capitais, da exploração dos novos ramos. Resulta daí, para o pequeno capital individual, uma existência cada vez mais breve e uma mudança cada vez mais rápida de métodos de produção como de formas de aplicação e, para a classe média em conjunto, um processo de assimilação e desassimilação social cada vez mais rápido.

Muito bem o sabe Bernstein, que, aliás, o constata por si mesmo. Mas o que parece esquecer, é ser esta a própria lei do movimento das empresas médias capitalistas. Se admitimos que os pequenos capitais são os pioneiros do progresso técnico, e se este constitui o pulso vital da economia capitalista, resulta daí, manifestamente, constituírem os pequenos capitais parte integrante do desenvolvimento capitalista, que só com ele pode desaparecer. O desaparecimento progressivo das empresas médias – em sentido numérico absoluto, como diz Bernstein – não traduziria, conforme o seu pensar, o curso revolucionário do desenvolvimento capitalista, mas precisamente o contrário, isto é, uma parada, um arrefecimento desse desenvolvimento.

A taxa de lucro, isto é, o aumento relativo do capital – diz Marx – é importante principalmente para os novos empregadores de capital, que se agrupam independentemente. E do momento em que caísse a formação do capital exclusivamente nas mãos de um punhado de grandes capitalistas, o fogo vivificador da produção se extinguiria. Viria um arrefecimento.

A realização do socialismo pelas reformas sociais

Bernstein rejeita a "teoria do desmoronamento" como via histórica que conduz à realização da sociedade socialista. Qual então o caminho para essa realização, do ponto de vista da "teoria da adaptação do capitalismo"? Só por alusões respondeu Bernstein a esta questão. Mas por outro lado Conrad Schmidt tentou expô-la detalhadamente, no sentido bernsteiniano. Ao que diz este, "a luta sindical e a luta política pelas reformas trarão um controle social cada vez mais vasto das condições de produção" e, "por meio da legislação, rebaixarão cada vez mais o proprietário do capital, com a diminuição de seus direitos, ao papel de simples administrador", até que, finalmente, em um belo dia, "a direção e administração da exploração sejam tiradas das mãos do capitalista, domesticado ao ver a sua propriedade ir perdendo cada vez mais qualquer valor para ele próprio", sendo afinal introduzida a exploração coletiva.

Por conseguinte, sindicatos, reformas sociais e – acrescenta Bernstein – democratização política do Estado, tais são os meios de realização progressiva do socialismo.

No tocante aos sindicatos, sua principal função – e ninguém a expôs melhor que o próprio Bernstein, em 1891, na *Neue Zeit* – está em constituírem para os operários um meio de realizar a lei capitalista dos salários, isto é, a venda da força-trabalho ao preço corrente do mercado. Os sindicatos servem ao proletariado precisamente em que utilizam a favor dele, a cada instante, as conjunturas do mercado. Mas essas conjunturas, isto é, de um lado a procura da força-trabalho determinada pelo estado da produção, e do outro a oferta de força-trabalho criada pela proletarização das classes médias e natural reprodução da classe proletária, enfim o grau de produtividade do trabalho, em dado momento, escapam à esfera de influência dos sindicatos. Eis porque não podem eles suprimir a lei dos salários. Podem, em hipótese mais favorável, impor à exploração capitalista os limites "normais" do momento, mas não estão absolutamente em condições de suprimir, mesmo progressivamente, a própria exploração.

Conrad Schmidt, é verdade, considera o atual movimento sindical como "um fraco começo" e espera que, "no futuro", o "movimento sindical vá exercer uma influência dia a dia crescente sobre a regulamentação da produção". Mas só se podem entender, como regulamentação da produção, duas coisas: a intervenção na parte técnica do processo de produção e a fixação das dimensões da própria produção. Que natureza pode ter, nesses dois campos, a influência dos sindicatos? Está claro que no tocante à técnica da produção o interesse do capitalista concorda, até certo ponto, com o progresso e o desenvolvimento da economia capitalista. É o seu próprio interesse que o leva aos aperfeiçoamentos técnicos. Mas é justamente oposta a posição do operário isolado: cada transformação técnica contraria os interesses dos operários, atingindo-os diretamente, agravando-lhes a situação, depreciando a força-trabalho, tornando o trabalho mais intenso, mais monótono, mais duro. Na medida em que os sindicatos podem imiscuir-se na parte técnica da produção, a intervenção só poderá ser nesse sentido, isto é, no sentido dos diferentes grupos de operários diretamente interessados, opondo-se por conseguinte às inovações. Mas, nesse caso, não agem no interesse da classe operária em conjunto e de sua emancipação, o que é mais conforme ao progresso técnico, isto é, ao interesse do capitalista isolado, e sim, ao contrário, no sentido da reação. E, com efeito, encontramos o esforço tendente a agir sobre o lado técnico da produção, não no futuro, onde Conrad Schmidt o procura, mas no passado do movimento sindical. Caracteriza a fase mais antiga do *trade-unionismo* inglês (até 1860, aproximadamente), ligado ainda, então, às sobrevivências corporativas medievais, e inspirado caracteristicamente no princípio arcaico do "direito adquirido sobre o trabalho conveniente", conforme a expressão de Webb, em sua *Teoria e prática dos sindicatos ingleses*. Inversamente, o esforço dos sindicatos tendente a fixar as dimensões da produção e os preços de mercadorias é fenômeno de data muito recente. Somente nestes últimos tempos nós vemos aparecer – também na Inglaterra – tentativas nesse sentido. Pelo caráter e pelas tendências, parecem-se muito esses esforços com os precedentes. Pois a que se reduz necessariamente a participação ativa dos sindicatos na fixação das dimensões e do custo da produção de mercadorias? A um cartel de operários e empregadores contra os consumidores, principalmente por meio de medidas coercitivas contra os empregadores concorrentes, que em nada ficam aquém dos métodos das associações patronais comuns. No fundo, não é mais uma luta entre capital e trabalho, mas uma luta do capital e da força-trabalho, solidários, contra os consumidores em conjunto. Pelo seu valor social, é um empreendimento reacionário que não pode constituir uma etapa da luta pela emancipação do proletariado, porque é antes o oposto de uma luta de classe. Pelo seu valor prático, é uma utopia que, como se deduz de um rápido exame, não poderá estender-se a grandes ramos de produção destinada ao mercado mundial.

Reduz-se, por conseguinte, a atividade dos sindicatos essencialmente à luta pelo aumento de salários e redução do tempo de trabalho, isto é, unicamente à regularização da exploração capitalista de acordo com a situação momentânea do mercado: de conformidade com a natureza das coisas, é-lhes completamente vedada a ação sobre o processo de produção. Ainda mais, toda a marcha do desenvolvimento sindical se processa, ao contrário do que admite Conrad Schmidt, no sentido da supressão completa de qualquer relação direta entre o mercado do trabalho e o mercado em geral. Temos a prova mais característica disso no fato de estar ultrapassado pelo desenvolvimento histórico até mesmo o esforço tendente a estabelecer uma relação direta, pelo menos passiva, entre o contrato de trabalho e a situação geral da produção, com o emprego do sistema de escala móvel de salários, e de se afastarem dele, cada vez mais, as *trade-unions* inglesas.

Mas nem mesmo nos limites efetivos de sua ação se estende o movimento sindical de forma ilimitada, como o supõe a teoria da adaptação. Muito ao contrário. Se se examinarem setores amplos do desenvolvimento social, não se poderá deixar de ver que, de um modo geral, não é para uma época de desenvolvimento vitorioso das forças do movimento sindical que caminhamos, e sim de dificuldades crescentes. Uma vez que o desenvolvimento da indústria atinja o seu apogeu, e comece, para o capital, no mercado mundial, a fase descendente, a luta sindical redobrará de dificuldades: primeiramente porque se agravarão para a força-trabalho, as conjunturas objetivas do mercado, pois aumentará muito menos a sua procura em relação à oferta o que não se dá atualmente; segundo, porque o próprio capital, para contrabalançar as perdas sofridas no mercado mundial, se esforçará com tanto maior energia por reduzir a parte que toca aos operários. Com efeito, é a redução dos salários, segundo Marx, um dos principais meios de impedir a diminuição da taxa de lucro. Já a Inglaterra nos oferece o quadro do início da segunda fase do movimento sindical. Reduz-se este último necessariamente cada vez mais à simples defesa das conquistas já realizadas, e até mesmo esta se torna cada vez mais difícil. Tal é a marcha geral das coisas, que deverá ter como reverso o desenvolvimento da luta de classe política e social.

Conrad Schmidt cai no mesmo erro de perspectiva histórica no tocante à reforma social, esperando dela que "outorgue à classe capitalista, ombro a ombro com as coalizões operárias sindicais, as condições precisas em que poderá empregar as forças operárias". É no sentido da reforma social assim entendida que Bernstein qualifica a legislação operária de obra de "controle social" e, como tal, de obra socialista. Da mesma forma, ao falar das leis de proteção operária, Conrad Schmidt diz sempre: "controle social" e, assim tendo beatamente transformado o Estado em sociedade, acrescenta, cheio de confiança: "isto é, a classe operária ascendente", e, graças a esta operação, as inocentes leis de proteção do trabalho do Conselho Federal alemão transformam-se em medidas socialistas transitórias do proletariado alemão.

Salta aos olhos a mistificação. Precisamente, o Estado atual não é uma "sociedade" no sentido da "classe operária ascendente", mas o representante da sociedade capitalista, isto é, um Estado de classe. Eis porque a reforma por ele praticada não é uma aplicação do "controle social", isto é, do controle da sociedade trabalhando livremente no seu próprio processo de trabalho, mas um controle da organização de classe do capital sobre o processo de produção do capital. É nisso, igualmente, isto é, no interesse do capital que as reformas acham seus limites naturais. Certamente, Bernstein e Conrad Schmidt só veem também, no presente, simples "fracos estágios do começo", e esperam do futuro reformas que se estendam ao infinito, em favor da classe operária. Mas cometem nisso o mesmo erro que na sua crença em um desenvolvimento ilimitado do movimento sindical.

A teoria da realização progressiva do socialismo por meio das reformas sociais supõe como condição (e é essa a sua base), certo desenvolvimento objetivo, tanto da propriedade capitalista como do Estado. No que respeita à primeira, o esquema do desenvolvimento futuro tende, segundo Conrad Schmidt, a reduzir cada vez mais o proprietário do Capital, pela redução dos seus direitos, ao mero papel de simples administrador. Dada a pretensa impossibilidade da brusca expropriação, de uma só vez, dos meios de produção, Conrad Schmidt apela para a teoria da expropriação por etapas. Com este objetivo, estabelece ele, como condição necessária, uma divisão do direito de propriedade em uma "propriedade suprema", que atribui à "sociedade", e quer estender cada vez mais, e em um simples direito de gozo que se reduz cada vez mais, em mãos do capitalista a uma simples gestão da sua empresa. Esta construção é: ou um simples jogo de palavras, e a teoria da expropriação progressiva perde toda a base, ou um verdadeiro esquema de desenvolvimento jurídico, e, neste caso, é completamente falso. A divisão dos diversos direitos contidos no direito de propriedade, a qual serve a Conrad Schmidt de refúgio para construir sua teoria da "expropriação por etapas" do capital, caracteriza a sociedade feudal, fundada sobre a economia natural, no qual o produto era repartido em espécie entre as diferentes classes sociais e na base das relações pessoais entre o senhor feudal e os rendeiros. A decomposição da propriedade com diferentes direitos parciais era aí organização, dada de antemão, da divisão da riqueza social. Com a passagem para a produção de mercadorias, e a dissolução de todos os vínculos pessoais entre os diferentes participantes do processo da produção, reforçou-se, reciprocamente, a relação entre os homens e as coisas, a saber, a propriedade privada.

Já não se processando a repartição na base das relações pessoais, mas por meio da troca, os vários direitos de participação à riqueza social não se medem mais por fragmentos de direitos de propriedade sobre um objeto comum, e sim pelos valores que cada um traz ao mercado. Foi igualmente o desenvolvimento da propriedade privada absoluta, no próprio seio das relações jurídicas feudais e de sua propriedade dividida, a primeira mudança introduzida nas relações jurídicas, paralelamente aos progressos da produção de mercadorias nas comunas urbanas da Idade Média. E esse desenvolvimento continua a processar-se na produção capitalista. Quanto mais se socializa o processo de produção, tanto mais se baseia exclusivamente na troca o processo de repartição, e quanto mais inviolável e fechada a propriedade privada capitalista se torna tanto mais se transforma a propriedade capitalista, de direito que era o produto de seu próprio trabalho, em simples direito de apropriação do trabalho alheio. Enquanto o próprio capitalista dirige sua usina, a repartição ainda se liga, até certo ponto, à participação pessoal no processo de produção. Na medida em que a direção pessoal do capitalista se torna supérflua, e é este inteiramente o caso nas sociedades por ações, a propriedade do capital, na qualidade de direito de participar da repartição, separa-se completamente de qualquer relação pessoal com a produção, e aparece em seu aspecto mais puro, mais fechado. É só no capital-ação e no capital de crédito industrial que o direito de propriedade capitalista chega ao completo desenvolvimento.

Por conseguinte, o esquema histórico de transformação do capitalista "de proprietário em simples administrador", tal como o expõe Conrad Schmidt, se apresenta como o inverso do verdadeiro desenvolvimento, que, ao contrário, transforma o capitalista, de proprietário e administrador, em simples proprietário. Dá-se aqui com Conrad Schmidt o que se deu com Goethe:

> O que é, ele o vê como um sonho.
> E o que foi e não é mais, fica sendo
> Para ele uma verdade.

E, assim como o seu esquema histórico retrógrado, economicamente, da sociedade moderna por ações à manufatura e até mesmo ao atelier de artesãos, assim também quer ele, juridicamente, enfeixar o mundo na concha da Idade Média.

Também sob este prisma aparece o "controle social" com outro aspecto do que o vê Conrad Schmidt. O que hoje funciona na qualidade de "controle social", isto é, a legislação operária, o controle das sociedades por ações etc., absolutamente nada tem de comum, na verdade, com uma participação do direito de propriedade, com uma suposta "propriedade suprema". Longe de ser uma limitação da propriedade capitalista, como o supõe Conrad Schmidt, é, ao contrário, uma proteção desta propriedade. Ou, para falar do ponto de vista econômico, não é um golpe contra a exploração capitalista, é simplesmente uma regulamentação dessa exploração. E quando Bernstein põe a questão de saber se uma lei de proteção operária contém socialismo em grau maior ou menor, podemos garantir que, na melhor das leis de proteção operária, há tanto "socialismo" quanto nas posturas municipais sobre a limpeza de ruas e funcionamento dos lampiões, o que é também uma espécie de "controle social".

Política alfandegária e militarismo

Conforme Bernstein, a segunda condição de realização progressiva do socialismo é a evolução do Estado para a sociedade. Já é lugar comum dizer que o Estado atual é um Estado de classe. Todavia, como tudo que diz respeito à sociedade capitalista, esta afirmação não deveria, a nosso ver, ser interpretada de um modo rígido, absoluto, e sim dialeticamente.

Com a vitória política da burguesia, o Estado passou a ser um Estado capitalista. Sem dúvida, o próprio desenvolvimento capitalista modifica essencialmente o caráter do Estado, alargando-lhe cada vez mais a esfera de ação, impondo-lhe constantemente novas funções, notadamente no tocante à vida econômica, tornando cada vez mais necessária a sua intervenção e o seu controle sobre esta. Nesse sentido, prepara pouco a pouco a fusão futura do Estado e da sociedade, por assim dizer, a volta das funções do Estado à sociedade. Nesta ordem de ideias, pode-se falar, igualmente, de uma evolução do Estado capitalista para a sociedade, e é incontestavelmente neste sentido que Marx diz que a legislação operária é a primeira maneira consciente pela qual a "sociedade" se imiscui no seu processo vital social, frase sobre a qual se apoia Bernstein.

Mas, doutra parte, este mesmo desenvolvimento capitalista realiza uma outra transformação na natureza do Estado. O Estado atual é, antes de tudo, uma organização da classe capitalista dominante. Se ele se impõe a si mesmo, no interesse do desenvolvimento social, funções de interesse geral, é unicamente porque e somente na medida em que esses interesses e o desenvolvimento social coincidem, de uma maneira geral, com os interesses da classe dominante. A legislação operária, por exemplo, é feita tanto no interesse da classe capitalista, como da sociedade em geral. Mas essa harmonia não dura senão até certo ponto do desenvolvimento capitalista. Quando este desenvolvimento tiver atingido certo nível, os interesses da burguesia, enquanto classe e os do progresso econômico começam a chocar-se, mesmo no sentido capitalista. Cremos que esta fase já começou, e isso se manifesta em dois fenômenos extremamente importantes da vida social atual: a *política alfandegária*, de uma parte e o *militarismo*, de outra. Ambos os fenômenos desempenharam, na história do capitalismo, o seu papel indispensável e, neste sentido, progressivo, revolucionário. Sem a proteção alfandegária, o desenvolvimento da grande indústria nos diferentes países teria sido impossível. Mas, atualmente, a situação é outra.

Agora a proteção alfandegária não serve para o desenvolvimento das indústrias novas, mas para manter artificialmente as formas antiquadas de produção. Do ponto de vista do *desenvolvimento* capitalista, isto é, do ponto de vista da economia mundial, é agora completamente indiferente que a Alemanha exporte mais mercadorias para a Inglaterra ou que a Inglaterra exporte mais mercadorias para a Alemanha. Por consequência, do ponto de vista deste mesmo desenvolvimento, pode-se dizer que o negro trabalhou e pode ir embora. Deveria mesmo fazê-lo. Dado o estado de dependência recíproca no qual se encontram atualmente os diferentes ramos industriais, os direitos alfandegários protecionistas sobre não importa qual mercadoria devem resultar necessariamente no encarecimento da produção das outras mercadorias no interior do país, isto é, entravar de novo o desenvolvimento da indústria. Varia a questão, do ponto de vista dos *interesses da classe capitalista*. Para seu *desenvolvimento*, a indústria não precisa de proteção alfandegária, mas quanto aos industriais, esses necessitam dela para proteger os seus escoadouros. O que vale dizer que, atualmente, não constituem mais as tarifas meio de proteger uma produção capitalista em via de desenvolvimento contra outra mais aperfeiçoado, mas instrumento de luta de um grupo de capitalistas nacionais contra outro grupo. Além disso, as tarifas não são mais necessárias como meio de proteção da indústria para criar e conquistar um mercado indígena, mas como meio indispensável de cartelização da indústria, isto é, de luta dos produtores capitalistas contra a sociedade consumidora. Enfim, o que mais claramente demonstra o caráter específico da atual política alfandegária é que não é hoje em parte alguma a indústria, e sim a agricultura que desempenha na política alfandegária o papel predominante, o que significa ter-se tornado, esta, *de fato, um meio de fundir e exprimir os interesses feudais numa forma capitalista.*

Produziu-se com o militarismo idêntica mudança. Se considerarmos a história, não como poderia ou deveria ter sido, mas tal como realmente foi, constataremos que a guerra constitui fator indispensável ao desenvolvimento capitalista. Os Estados Unidos da América do Norte, a Alemanha, a Itália e os Bálcãs, a Rússia e a Polônia, todos esses países devem às guerras as condições ou o surto de seu desenvolvimento capitalista, qualquer que fosse o resultado delas, vitória ou derrota. Enquanto houve países cujas condições eram a divisão interior ou o isolamento econômico as quais precisavam ser destruídas, desempenhou o militarismo um papel revolucionário do ponto de vista capitalista. Mas a situação atual é outra. Se é a política mundial o teatro de conflitos ameaçadores, não é tanto por se abrirem novos países ao capitalismo, mas sim por se terem já os antagonismos *europeus* existentes transportado para outros continentes para ali explodir. O que hoje se antepõe de armas em punho, quer seja na Europa ou em outros continentes, não são de um lado países capitalistas e de outro países de economia natural, e sim Estados levados ao conflito precisamente pela identidade de seu alto desenvolvimento capitalista. Em tais condições, se o conflito estoura, só pode ser fatal para este desenvolvimento, no sentido de que provocará em todos os países capitalistas profundíssimos abalos e transformações da vida econômica. Mas o caso se apresenta inteiramente diverso do ponto de vista da *classe capitalista*. Para ela, sob três aspectos, tornou-se hoje o militarismo indispensável; primeiro, como meio de luta na defesa dos interesses "nacionais" concorrentes contra outros grupos "nacionais"; segundo, como a forma de emprego mais importante, tanto do capital financeiro como do capital industrial; e terceiro, como instrumento da dominação de classe sobre os trabalhadores, no interior – interesses esses que nada têm de comum, em si, com o desenvolvimento do modo de produção capitalista. E mais uma vez, o que melhor demonstra o caráter específico do militarismo atual é, em primeiro lugar, o seu desenvolvimento geral em todos os países, efeito por assim dizer de uma força motriz própria, interna, mecânica, fenômeno completamente desconhecido há algumas décadas e, em seguida, o caráter inevitável, fatal, da próxima explosão entre os Estados interessados, malgrado a completa indecisão quanto ao motivo, ao objeto do conflito e a todas as demais circunstâncias. Também o militarismo, de motor que era do desenvolvimento capitalista, tornou-se hoje uma doença capitalista.

No conflito entre o desenvolvimento capitalista e os interesses da classe dominante, coloca-se o *Estado* do lado desta. Sua política, assim como a da burguesia, entra em conflito com o desenvolvimento social. Assim, perde cada vez mais o caráter de representante da sociedade em conjunto, para transformar-se, na mesma medida, cada vez mais em um puro *Estado de classe*. Ou, precisando melhor, essas duas qualidades se distinguem uma da outra e se intensificam, formando uma contradição na própria natureza do Estado. Contradição essa que se torna cada dia mais aguda. Isso porque, por um lado, crescem as funções de interesse geral do Estado, suas intervenções na vida social, seu "controle" sobre essa vida, e, por outro lado, o caráter de classe obriga-o cada vez mais a transportar o centro de sua atividade e seus meios de coerção para campos que só são úteis ao caráter de classe da burguesia, tendo apenas para a sociedade uma importância negativa, isto é, o militarismo e a política alfandegária e colonial. Em segundo lugar, também o seu "controle social" é com isso impregnado e dominado por um caráter de classe (veja-se como é aplicada a legislação operária em todos os países).

A extensão da democracia, em que Bernstein vê igualmente o meio de realização do socialismo por etapas, não contradiz esta transformação da natureza do Estado, mas ao contrário, corresponde-lhe inteiramente.

Como explica Conrad Schmidt, a conquista de uma maioria social-democrata no Parlamento deve mesmo constituir a via direta desta socialização da sociedade por etapas. Ora, são incontestavelmente as formas democráticas da vida política fenômeno que exprime de modo mais claro a evolução do Estado para sociedade, constituindo, nessa mesma medida, uma etapa da transformação socialista. Mas o conflito existente no seio do Estado capitalista, e que acabamos de caracterizar, manifesta-se ainda mais claramente no parlamentarismo moderno. Sem dúvida, serve o parlamentarismo, por sua forma, a exprimir na organização do Estado os interesses do conjunto da sociedade. Mas, por outro lado, é a sociedade capitalista o que o parlamentarismo exprime aqui, isto é, uma sociedade em que predominam *os interesses capitalistas*. Por conseguinte, são as instituições democráticas, nessa sociedade, pela forma e pelo conteúdo, simples instrumentos dos interesses da classe dominante. É o que se manifesta de modo tangível no fato de serem as próprias formas democráticas sacrificadas pela burguesia e por sua representação de Estado, do momento em que a democracia tenda a negar o seu caráter de classe e a transformar-se em instrumento dos verdadeiros interesses do povo. Eis porque a ideia da conquista de uma maioria parlamentar aparece como cálculo que está inteiramente dentro do espírito de liberalismo burguês, pois, preocupa-se unicamente com o aspecto formal, da democracia, sem ter em conta absolutamente o seu conteúdo real. E o parlamentarismo em conjunto não se apresenta absolutamente como elemento diretamente socialista, penetrando pouco a pouco toda a sociedade capitalista, como o supõe Bernstein, mas ao contrário como meio específico do Estado de classe burguês, visando desenvolver e amadurecer os antagonismos capitalistas.

Dado esse desenvolvimento objetivo do Estado, a frase de Bernstein e Conrad Schmidt sobre o "controle social" crescente, tendo como resultado a introdução direta do socialismo, transforma-se numa frase que dia a dia contradiz mais a realidade.

A teoria da introdução do socialismo por etapas equivale à reforma progressiva da propriedade e do Estado capitalista no sentido socialista. Mas, em consequência das leis objetivas da sociedade atual, um e outro se desenvolvem no sentido precisamente oposto. Socializa-se cada vez mais o processo de produção, e a intervenção, o controle do Estado sobre esse processo, se alargam cada vez mais. Mas, ao mesmo tempo, a propriedade privada torna-se cada vez mais a forma da exploração capitalista aberta do trabalho alheio, e o controle do Estado se impregna cada vez mais dos interesses exclusivos da classe dominante. Portanto conseguinte, na medida em que o Estado – isto é, a *organização política* – e as relações de propriedade – isto é, a *organização jurídica* do capitalismo – se tornam cada vez mais capitalistas e não cada vez mais socialistas, opõem-se à teoria da introdução progressiva do socialismo duas dificuldades intransponíveis.

Era sem dúvida muito fantástica a ideia de Fourier, de transformar em limonada, por meio do sistema de falanstérios, a água de todos os mares do globo terrestre. Mas a ideia de Bernstein, de transformar em um mar de doçura socialista, por meio da mistura progressiva de garrafas de limonada social-reformista, o oceano de amargura capitalista, é apenas mais monótona, e não menos fantástica.

As relações de produção da sociedade capitalista aproximam-se cada vez mais das relações de produção da sociedade socialista, mas, inversamente, as relações políticas e jurídicas estabelecem entre a sociedade capitalista e a sociedade socialista um muro cada vez mais alto. Muro este que não é arrasado, antes, porém, reforçado, consolidado pelo desenvolvimento das reformas sociais e da democracia. Por conseguinte, é somente o martelo da revolução que poderá abatê-lo, isto é, a *conquista do poder político pelo proletariado*.

Consequências práticas e caráter geral do revisionismo

No último capítulo, esforçamo-nos por mostrar que a teoria de Bernstein tira da terra firme o programa socialista, colocando-o em base idealista. Liga-se isso à teoria. Mas como se traduz na prática a teoria? A princípio e de um ponto de vista formal, ela em nada se distingue da prática da luta social-democrata até aqui empregada. Sindicatos, luta pelas reformas sociais e pela democratização das instituições políticas, eis o que constitui, de modo geral, o conteúdo formal da atividade do Partido social-democrata. Portanto, a diferença aqui não está no quê, mas no como. No atual estado de coisas, consideram-se a luta sindical e a luta parlamentar como meios de dirigir e educar pouco a pouco o proletariado, tendo em vista a conquista do poder. Segundo a concepção revisionista, dadas a impossibilidade e inutilidade dessa conquista do poder, devem a luta sindical e a luta parlamentar ter em vista exclusivamente resultados imediatos, isto é, a melhoria da situação material dos operários, além da redução por etapas da exploração capitalista e extensão do controle social. Deixando de lado a finalidade de melhoria imediata da situação dos operários, que é comum às duas concepções, a do Partido até hoje e a do revisionismo, é esta, em poucas palavras, a diferença entre as duas concepções: segundo a concepção comum, consiste a importância socialista da luta sindical e política em preparar o proletariado, isto é, o *fator subjetivo* da transformação socialista, para a realização desta; ao passo que, segundo Bernstein, a importância está em dever a luta sindical e política reduzir por etapas a própria exploração capitalista, arrancar cada vez mais à sociedade capitalista o seu caráter capitalista, dando--lhe um caráter socialista; em suma, realizar *objetivamente* a transformação socialista. Ao examinar mais de perto a questão, percebe-se que são diametralmente opostas estas duas concepções. Segundo a concepção comum no Partido, pela experiência da luta sindical e política, o proletariado chega à convicção da impossibilidade de transformar radicalmente a sua situação por meio desta luta, e da inevitabilidade da conquista do poder. A teoria de Bernstein, ao contrário, parte da impossibilidade da conquista do poder para afirmar a necessidade da introdução do regime socialista unicamente por meio da luta sindical e política.

Por conseguinte, na concepção bernsteiniana, o caráter socialista da luta sindical e parlamentar reside na crença da ação socializante progressiva que exerce ela sobre a economia capitalista, mas semelhante ação, como

Reforma ou revolução?

tentamos expô-la, é puramente produto da imaginação. As relações de propriedade e de Estado capitalista se desenvolvem numa direção inteiramente oposta. Daí, a luta cotidiana, prática da social-democracia, perde, em última análise, toda relação com o socialismo. A grande importância da luta sindical e da luta política reside em que elas socializam o *conhecimento*, a consciência do proletariado, organizam-no como classe. Considerando--as como meio de socialização direta da economia capitalista, perdem elas não só o efeito que se lhes atribui, mas também sua outra significação, isto é, cessam elas de ser um meio de preparação da classe operária para a conquista do poder.

É por isso que Eduard Bernstein e Conrad Schmidt são vítimas de um mal-entendido completo quando se consolam afirmando que, mesmo que se reduza a luta às *reformas sociais* e ao movimento sindical, o objetivo final do movimento operário não deixa de existir por isso, pois cada passo para frente nesta via, ultrapassa os seus próprios fins e que, assim, o objetivo socialista está implícito como tendência do próprio movimento. É, certamente, esse o caso da tática atual da social-democracia alemã, isto é, quando o esforço consciente e firme em vista da conquista do poder político impregna toda a luta sindical e o movimento para a conquista das reformas sociais. Mas se se separa do próprio movimento, esse esforço, e se se fizer das reformas um fim em si, não só estas não conduzem à realização do objetivo final socialista, mas precisamente conduzirão ao seu contrário. Conrad Schmidt se louva apenas no movimento, por assim dizer, mecânico, que, uma vez começado, não pode mais parar por si mesmo, pela simples razão de que "o comer e o coçar, tudo está em começar" e que a classe operária não pode contentar-se com reformas enquanto não for realizada a transformação socialista. Esta última condição é, certamente, justa, e a garantia disso está na insuficiência das reformas capitalistas. Mas a conclusão que dela se tira só poderia ser uma cadeia ininterrupta de reformas sociais contínuas e crescentes, conduzindo do atual regime capitalista ao regime socialista. Mas isso é fantasia. Pela própria natureza das coisas, muito depressa se rompe a cadeia e as direções que pode tomar o movimento com esse ponto de partida são múltiplas e variadas.

O resultado mais próximo e mais provável é uma mudança de tática visando obter por todos os meios os resultados práticos da luta, isto é, as reformas sociais. O ponto de vista de classe, nítido e irreconciliável, que só tem razão de ser se se tiver em vista a conquista do poder, tornar-se-á cada vez mais um obstáculo, a partir do momento em que os resultados práticos imediatos venham a constituir a finalidade principal. A consequência direta será a adoção de uma "política de compensações", em outras palavras, uma "política de barganha", e uma atitude conciliacionista, habilmente diplomática. Mas o movimento também não pode estancar por muito tempo. Porque, uma vez que a reforma social em regime capitalista não passa e não pode passar de uma concha vazia, qualquer que seja a tática empregada, a consequência lógica será a decepção também no tocante à reforma social, isto é, o porto sereno a que são chegados atualmente os professores Schmoller & Companhia, que também estudaram a fundo a gente graúda e a miúda nas águas social-reformistas, para afinal entregar tudo à mercê de Deus[4]. Portanto, não surge o socialismo necessária e automaticamente da luta cotidiana da classe operária. É ele consequência apenas das contradições crescentes da economia capitalista e da compreensão que tenha a classe operária da inelutabilidade da supressão dessa economia, por meio de uma transformação social. Negando umas e afastando a outra, como faz o revisionismo, reduz-se o movimento operário a um simples movimento corporativo e reformista, encaminhando-se, naturalmente, em linha reta, para o abandono do ponto de vista de classe.

Tornam-se igualmente claras essas consequências quando se considera a teoria revisionista por outro prisma, perguntando: qual o caráter geral desta concepção? Está claro que o revisionismo não se coloca no terreno do capitalismo e não nega, com os economistas burgueses, as contradições deste. Pressupõe, ao contrário, a existência destas contradições, do mesmo modo que a concepção

---

[4] Em 1872, os professores Wagner, Schmoller, Brentano etc., reuniram um congresso em Eisenach, para proclamar, com grande estardalhaço, que tinha por finalidade a introdução de reformas sociais para a proteção da classe operária. Esses mesmos senhores, ironicamente caracterizados pelo liberal Oppenheimer de "socialistas de cátedra", fundaram pouco depois a Associação para as Reformas Sociais. Apenas alguns anos mais tarde, quando se agravou a luta contra a social-democracia, aqueles luminares do "socialismo de cátedra" votaram, na qualidade de deputados no Reichstag, a favor da continuação da lei contra os socialistas. Afora disso, toda a atividade dessa associação consiste em assembleias gerais anuais em que são lidos alguns relatórios acadêmicos sobre temas diversos. Além disso, a associação publicou mais de cem pesados volumes sobre várias questões econômicas. Mas nada foi feito ainda a favor das reformas sociais por esses mesmos professores que votam, aliás, a favor das tarifas protecionistas, do militarismo etc. E mesmo a associação abandonou quaisquer reformas sociais para ocupar-se exclusivamente da questão das crises, dos cartéis etc.

marxista. Mas, por outro lado – e é precisamente isto que constitui o ponto fundamental de sua concepção, e que, de modo geral, a diferencia da concepção vigente até agora na social-democracia – não se baseia a sua teoria na supressão dessas contradições como resultado de seu próprio desenvolvimento lógico.

Entre os dois extremos, a teoria revisionista ocupa uma posição intermediária. Não visa levar à maturidade as contradições capitalistas e *suprimi-las* por meio de uma transformação revolucionária, e sim atenuá-las, *suavizá-las*. Assim, a contradição entre a produção e a troca deverá atenuar-se com a cessação das crises e a formação de associações patronais; a contradição entre capital e trabalho, pela melhoria da situação do proletariado e conservação das classes médias; entre o Estado de classe e a sociedade, pelo controle crescente e progresso da democracia.

Por certo, a tática social-democrata atual não consiste em *esperar* o desenvolvimento dos antagonismos capitalistas até suas consequências mais extremas, para só então passar à sua supressão. Ao contrário, a essência de toda tática revolucionária consiste em apoiar-se unicamente na direção do desenvolvimento, uma vez reconhecida, tirando daí todas as consequências para a luta política. Assim, a social-democracia sempre combateu, por exemplo, a política alfandegária e o militarismo, sem esperar que se manifestasse completamente o seu caráter reacionário. Mas, na sua tática, Bernstein não se apoia absolutamente no desenvolvimento e agravação, mas ao contrário, na atenuação das contradições capitalistas. Ele mesmo a caracterizou muito bem, falando em "adaptação" da economia capitalista. Quando seria justa tal concepção? Todas as contradições da sociedade atual são simples resultados do modo de produção capitalista. Suponhamos que esse modo de produção continue a desenvolver-se na direção atual; ele deverá necessariamente continuar a desenvolver as próprias consequências, as contradições continuarão a aguçar-se e a agravar-se, em vez de atenuar-se. Por conseguinte, esta última hipótese pressuporia, como condição, um refreiamento do próprio modo de produção capitalista, em seu desenvolvimento. Em suma, a condição mais geral da teoria de Bernstein é uma *cessação do desenvolvimento capitalista*.

Mas, com isso, a teoria traz em si uma dupla autocondenação. Primeiro, porque manifesta seu caráter utópico no tocante à finalidade do socialismo – está claro de antemão que um desenvolvimento capitalista defeituoso não pode conduzir à transformação socialista – e temos aqui a confirmação de nossa exposição quanto às consequências práticas da teoria. Segundo, porque revela seu caráter *reacionário* no tocante ao rápido desenvolvimento capitalista que efetivamente se processa. E agora, coloca-se a questão: em face desse desenvolvimento capitalista real, como explicar, ou, por outra, caracterizar a concepção de Bernstein?

Julgamos ter conseguido mostrar, no primeiro capítulo, que as condições econômicas em que Bernstein se baseia na análise das relações sociais atuais – teoria da "adaptação" capitalista – não procedem. Vimos que nem o sistema de crédito nem os cartéis podem ser considerados como "meios de adaptação" da economia capitalista, e que nem a cessação momentânea das crises nem a conservação das classes médias podem ser consideradas sintomáticas da adaptação capitalista. Mas – sem tomar em conta o seu caráter errôneo – todos esses pormenores da teoria da adaptação têm um traço característico comum. Nessa teoria, as manifestações todas da vida econômica que acabamos de citar não são estudadas nas suas relações orgânicas com o conjunto do desenvolvimento capitalista e com todo o mecanismo econômico, e sim fora dessas relações, como *disjecta membra* (partes esparsas) de uma máquina sem vida. É o que se dá, por exemplo, com a concepção do efeito de adaptação do crédito. Se considerarmos o crédito como etapa superior natural da troca e das contradições inerentes à troca capitalista, não poderemos absolutamente ver nele "qualquer meio de adaptação" mecânica, fora do processo da troca, do mesmo modo que não podemos considerar o dinheiro, a mercadoria, o capital, como "meios de adaptação" do capitalismo. O crédito é, exatamente, do mesmo modo que o dinheiro, a mercadoria e o capital, um elo orgânico da economia capitalista em determinado período de seu desenvolvimento, e constitui, tal como os outros, tanto uma engrenagem indispensável do mecanismo, como um instrumento de destruição da economia capitalista, pois trazem como consequência a agravação das suas contradições internas.

O mesmo ocorre com os cartéis e os meios aperfeiçoados de comunicação.

Encontramos a mesma concepção mecânica e antidialética expressa na representação de Bernstein da cessação das crises, como sintoma de "adaptação" da economia capitalista. Para ele, as crises são simples desarranjos do mecanismo econômico, e se cessam de produzir-se o mecanismo pode manifestamente funcionar bem. Mas as crises, na verdade, não são "desarranjos" na verdadeira acepção da palavra ou, por outra, são "desarranjos", mas a economia capitalista absolutamente não pode desenvolver-se sem eles. Se é fato constituírem essas crises, em poucas palavras, o único método possível na base capitalista, e, portanto, um método absolutamente normal de solução periódica do conflito entre a capacidade ilimitada de extensão da produção e os estreitos limites do mercado, então as crises são ao mesmo tempo manifestações orgânicas inseparáveis da economia capitalista.

É bem antes numa marcha "sem desarranjos" da produção capitalista que residem perigos mais graves para ela que as próprias crises. Assim, por exemplo, a baixa constante da taxa de lucro, resultante não da contradição entre a produção e a troca, mas do desenvolvimento da produtividade do próprio trabalho, que tem a tendência extremamente perigosa a tornar impossível a produção aos capitais pequenos e médios, e por conseguinte a limitar a extensão dos empregos e novas formações de capitais. São precisamente as crises, constituindo a outra consequência desse mesmo processo, que, pela depreciação periódica do capital, pela diminuição dos preços dos meios de produção e pela paralisia de parte do capital ativo, resultam num aumento de lucros, criando assim possibilidades de novos empregos de capital e, portanto, de novos progressos da produção. Aparecem as crises, assim, como meio de atiçar, e desencadear constantemente o fogo do desenvolvimento capitalista. Cessando – não em certas fases do desenvolvimento do mercado mundial, como o admitimos, mas completamente – longe de resultar isso, como supõe Bernstein, no desenvolvimento da economia capitalista, provocaria ao contrário a sua ruína. Devido à concepção mecânica que caracteriza toda a teoria da adaptação, Bernstein esquece tanto a necessidade das crises como a de novos empregos de capitais pequenos e médios que sempre tornam a brotar, o que explica, entre outras coisas, por que o reaparecimento constante do pequeno capital é para ele um sinal de cessação do desenvolvimento capitalista, e não, como se dá efetivamente, um sinal de desenvolvimento capitalista normal.

Há, por certo, um ponto de vista que nos apresenta realmente todos esses fenômenos tal como os vê a "teoria da adaptação" isto é, o ponto de vista do capitalista isolado, refletindo a manifestação dos fatos econômicos, deformados na sua consciência pelas leis da concorrência. Com efeito, o capitalista isolado considera cada parte orgânica do conjunto da economia como um todo independente. Só as vê pelo prisma em que influem nele, capitalista isolado, e, por conseguinte, como simples "desarranjos" de simples "meio de adaptação". Para o capitalista isolado, são efetivamente as crises simples desarranjos, e a cessação delas lhe dá um prazo maior de existência. Para ele, o crédito é, do mesmo modo, um meio de "adaptar" suas próprias forças de produção insuficientes às necessidades do mercado. Para ele, o cartel em que entra suprime efetivamente a anarquia.

Em suma, a teoria bernsteiniana da adaptação nada mais é do que uma generalização teórica do ponto de vista do capitalista isolado. Mas o que exprime esse ponto de vista teoricamente senão o caráter da vulgar economia burguesa? Todos os erros econômicos dessa escola repousam precisamente no mal-entendido que resulta de se tomar os fenômenos da concorrência, considerados do ponto de vista do capital isolado, como fenômeno do conjunto da economia capitalista. E, assim como Bernstein considera o crédito, a economia vulgar ainda vê no dinheiro, por exemplo, um judicioso "meio de adaptação" às necessidades da troca. Ela também procura nos próprios fenômenos capitalistas o antídoto contra os males capitalistas. De acordo com Bernstein, ela crê na possibilidade de regulamentar a economia capitalista. Tal como a teoria de Bernstein, ela conduz sempre, em última análise, a uma atenuação das contradições capitalistas e a um paliativo para as feridas capitalistas, ou, em outras palavras, a uma atitude reacionária em vez de revolucionária, e, por conseguinte, a uma utopia.

De um modo geral, pode-se portanto caracterizar assim a teoria revisionista: *teoria de enterramento do socialismo, baseada, com o concurso da economia vulgar, numa teoria do enterramento do capitalismo.*

Desenvolvimento econômico e socialismo

Foi a descoberta de pontos de apoio, nas *condições econômicas* da sociedade capitalista, para a realização do socialismo, a maior conquista da luta de classe proletária, no curso de seu desenvolvimento. Com isso, transformou-se o socialismo, de "ideal" sonhado pela humanidade há milhares de anos, em *necessidade histórica*.

Bernstein contesta a existência dessas condições econômicas do socialismo na sociedade atual. Sua argumentação a esse propósito sofreu interessante evolução. A princípio, contestava simplesmente, na *Neue Zeit*, a rapidez do processo de concentração da indústria, baseando-se numa comparação dos dados de estatística profissional na Alemanha, de 1895 e 1882. Para poder empregar esses dados com o fim visado, era forçado a adotar um processo inteiramente sumário e mecânico. Mas, mesmo no caso mais favorável, Bernstein não poderia, pelo fato de mostrar a tenacidade das empresas médias, informar de modo algum a análise marxista. Porque esta não pressupõe nem um determinado vulto da concentração da indústria, isto é, um *prazo* certo para a realização da finalidade socialista, nem, como já mostramos, um *desaparecimento absoluto* dos pequenos capitais, ou, em outras palavras, o desaparecimento da pequena burguesia como condição de realização do socialismo.

No curso do desenvolvimento ulterior de suas concepções, Bernstein fornece agora, no seu livro, novo material comprovante, que é a estatística das *sociedades por ações*, para mostrar que aumenta constantemente o número de acionistas e, por conseguinte, que a classe capitalista não mingua, mas, ao contrário, cresce. É espantoso ver-se a que ponto Bernstein desconhece o material existente e a que ponto é falha a utilização que dele faz em benefício próprio!

Querendo provar, por meio das sociedades por ações, qualquer coisa contra a lei marxista do desenvolvimento industrial, deveria buscar números inteiramente diversos. Pois quem conheça a história das sociedades por ações na Alemanha sabe que capital médio de fundação por empresa *diminui* quase regularmente. Assim, ao passo que montava esse capital, antes de 1871, a 10,8 milhões de marcos aproximadamente, era em 1871 apenas de 4,01 milhões de marcos; em 1873, de 3,8 milhões; de 1882 a 1887, de menos de milhão; em 1891, de 0,52 milhões; e em 1892, apenas de 0,62 milhões de marcos. Desde então, oscilam esses números em redor de 1 milhão de marcos, já tendo mesmo caído, de novo, de 1,78 milhão em 1895, a 1,19 milhão no correr do primeiro semestre de 1897[5]. Números espantosos! Provavelmente, Bernstein construiria com eles toda uma tendência antimarxista de retorno das grandes às pequenas empresas. Mas, nesse caso, seria fácil responder-lhe: para provar o que quer que seja com o concurso dessas estatísticas, é preciso primeiro provar que elas se referem aos *mesmos* ramos de indústria, que as pequenas indústrias tomam o lugar das grandes, não aparecendo onde até então dominavam as pequenas empresas ou mesmo a indústria artesã. Não podereis, entretanto, apresentar essa prova, porque a passagem de grandes sociedades por ações a empresas médias e pequenas só se explica, precisamente, pelo fato de penetrar sempre o sistema de sociedades por ações em novos ramos de produção, adaptando-se cada vez mais às empresas médias e mesmo às pequenas, quando, a princípio, só servia para um número reduzido de grandes empresas. (Constatam-se mesmo fundações de sociedades por ações com capitais inferiores a mil marcos!).

Mas que significa, economicamente, a extensão cada vez maior do sistema de sociedades por ações? Significa a socialização crescente da produção na forma capitalista, a socialização, já não só da grande como da produção média e pequena, e, por conseguinte, não contradiz a teoria marxista, mas, ao contrário, confirma-a, e do modo mais brilhante.

Com efeito, em que consiste o fenômeno econômico da fundação de sociedades por ações? Por um lado, na

---

[5] Van der Borght: Handwörterbuch der Staatswissenschaften, I.

unificação de muitas pequenas fortunas em um grande capital de produção, e por outro na separação entre produção e propriedade do capital. Portanto, em dupla vitória sobre o modo de produção capitalista, sempre em base capitalista. Que significa portanto, em face disso, a estatística citada por Bernstein, do número elevado de acionistas participantes de uma indústria? Nada mais, precisamente, do que o fato de não corresponder atualmente uma empresa capitalista, como outrora, a um só proprietário do capital, e sim a um número cada vez mais considerável de capitalistas, e por conseguinte que a noção econômica de "capitalistas" não significa mais um indivíduo isolado, que o capitalista industrial de hoje é uma entidade coletiva, composta de centenas e mesmo milhares de indivíduos, que a própria categoria "capitalista" se socializou, que passou a ser uma categoria social nos quadros da economia capitalista.

Mas como explicar, então, que Bernstein considere, ao contrário, precisamente como esmigalhamento e não como concentração do capital, o fenômeno das sociedades por ações, e veja a extensão da propriedade capitalista precisamente onde Marx via, ao contrário, a "supressão desta mesma propriedade"? Isso se explica por um erro econômico muito simples: Bernstein não entende por capitalista uma certa categoria da produção, mas sim do direito de propriedade, não uma unidade econômica, mas uma unidade fiscal, e por capital, não um fator da produção, mas simplesmente certa quantidade de dinheiro. É por isso que, no seu truste inglês, de linhas para coser, não vê a fusão num só todo, de 12.300 pessoas, mas 12.300 capitalistas diferentes, é por isso que o seu engenheiro

Schulze, que recebeu como dote da mulher grande quantidade de ações do rendeiro Müller, é igualmente para ele um capitalista, e é por isso, pois, que o mundo inteiro lhe parece formigar de "capitalistas"[6].

Mas aqui, como ali, o erro econômico é em Bernstein somente a base teórica de uma "vulgarização" do socialismo. Transportando a noção de capitalista, das relações de produção para as relações de propriedade e "falando de simples indivíduos em lugar de falar de donos de empresas", transporta ele igualmente a questão do socialismo do domínio da produção para o domínio das relações de fortuna, da relação entre o capital e o trabalho, para a relação entre ricos e pobres.

Segue-se daí que somos reconduzidos felizmente de Marx e de Engels ao autor do *Evangelho do pobre pecador*, apenas com a diferença de que Weitling, com seu seguro instinto proletário, via precisamente neste

---

[6] *Nota bene!* Bernstein vê, manifestamente na grande difusão das pequenas ações, uma prova de que a riqueza social começa a derramar uma verdadeira chuva de ações sobre a gente pobre. Com efeito, quem poderia, senão os pequeno-burgueses ou mesmo operários, comprar ações pela bagatela de uma libra esterlina ou 20 marcos! Infelizmente, esta suposição repousa num simples erro de cálculo: opera-se com o valor nominal das ações, em lugar de operar com o valor no mercado, o que é muito diferente. Um exemplo: no mercado mineiro, estão entre outras as minas sul-africanas do Rand. As ações, como a maior parte dos valores em minas, são de uma libra esterlina, ou 20 marcos-papel. Mas custavam, já em 1899, 43 libras esterlinas (*vide* as cotações do fim do mês de março), isto é, não mais 20 marcos, mas 860 marcos! E acontece mais ou menos a mesma coisa em toda parte. Por consequência, na realidade, conquanto soem, tão democraticamente, as pequenas ações são na maioria "bônus sobre a riqueza social", inteiramente burgueses, e de modo algum pequeno-burgueses ou proletários, pois são comprados a seu valor nominal apenas por uma ínfima minoria de acionistas.

antagonismo entre ricos e pobres, os antagonismos de classe sob sua forma primitiva e queria fazer dele alavanca do movimento socialista, ao passo que Bernstein, ao contrário, busca na transformação dos pobres em ricos a realização do socialismo, isto é, na atenuação dos antagonismos de classe por conseguinte num sentido pequeno-burguês.

É verdade que Bernstein não se limita à estatística das rendas. Apresenta também estatísticas de empresas, e principalmente de vários países: Alemanha, França, Inglaterra, Suíça, Áustria e Estados Unidos. Mas que representam essas estatísticas? Não são de modo algum, confrontos de dados de épocas diferentes em cada país, mas de cada época em diferentes países. Por conseguinte, à exceção da Alemanha, onde repete o velho confronto de 1895 e 1882, Bernstein não compara a estatística de empresas de determinado país em *épocas diferentes*, mas somente os *dados absolutos* de diferentes países (da Inglaterra em 1891, França em 1894, e Estados Unidos em 1890 etc.). A conclusão a que chega é que, "se a grande exploração já goza hoje efetivamente de supremacia na indústria, não representa todavia, incluídas as empresas que dela dependem, mesmo num país desenvolvido como a Prússia, *senão metade, no máximo, da população que trabalha na produção*". Assim também na Alemanha, Inglaterra, Bélgica etc.

O que se prova com isso não é manifestamente *tal ou qual tendência do desenvolvimento econômico*, mas unicamente *a relação absoluta das forças* das diversas classes. Se com isso se quer provar a impossibilidade de realizar o socialismo, repousa esta argumentação na teoria de que é a relação de forças numéricas materiais, dos elementos em luta, e, por conseguinte, o simples fator da *violência*, que determina a solução final dos esforças sociais. Aqui, Bernstein que sempre pontifica contra o blanquismo cai no mais grosseiro engano blanquista. Com a diferença, todavia, que os blanquistas, na qualidade de tendência socialista e revolucionária, reconheciam e achavam natural a possibilidade de realização econômica do socialismo e fundavam nela as perspectivas da revolução violento, mesmo de uma pequena minoria, ao passo que Bernstein, ao contrário, tira da insuficiência numérica da maioria da população a conclusão da impossibilidade de realização econômica do socialismo. A finalidade da social-democracia resulta tão pouco da violência vitoriosa da minoria quanto da superioridade numérica da maioria, e sim da necessidade econômica – e da compreensão dessa necessidade – que leva à supressão do capitalismo pelas massas populares, necessidade essa que se manifesta antes de tudo pela *anarquia capitalista*.

No tocante a esta questão decisiva – a anarquia na economia capitalista –, o próprio Bernstein não nega as crises parciais e nacionais, mas só as grandes crises gerais. Nega com isso muito da anarquia, reconhecendo apenas um pouquinho dela. Falando como Marx, dá-se o mesmo, na teoria de Bernstein, que na economia capitalista que com aquela virgem desassisada e seu filho "que era muito pequenininho". Mas a infelicidade, nesse caso, é que para coisas tais como a anarquia, o pouco e o muito são igualmente ruins. Se Bernstein reconhece a existência de um pouco de anarquia, o próprio mecanismo da economia mercantil valerá pela extensão desta anarquia a proporções inauditos, até o desmoronamento. Mas se, mantendo-se o regime da proteção de mercadorias, Bernstein espera transformar gradualmente em harmonia e ordem esse pouco de anarquia, mais uma vez vem ele cair num dos erros mais fundamentais da economia política burguesa, que considera o modo de troca independente do modo de produção.

Não vem ao caso mostrar aqui em toda a sua amplitude a surpreendente confusão de que Bernstein dá prova em todo o seu livro, no que concerne aos princípios mais elementares da economia política. Mas há um ponto a que somos levados pela questão fundamental da anarquia capitalista, e que é preciso esclarecer em poucas palavras.

Bernstein declara uma simples abstração a *lei do valor-trabalho* de Marx, o que constitui evidentemente uma injúria em economia política. Mas se o valor-trabalho é uma simples abstração, "uma construção do espírito", todo cidadão normal que fez o serviço militar e paga regularmente os impostos tem o mesmo direito que Karl Marx de fazer de qualquer disparate uma "construção do espírito", tal como a lei do valor. "Marx tem o mesmo direito de desprezar as qualidades das mercadorias até se tornarem elas puras de encarnações de qualidades de simples trabalho humano, como têm os economistas da escola Böehm-Jevons de fazer abstração de todas as qualidades das mercadorias exceto a utilidade delas".

São, por conseguinte, o trabalho social de Marx e a utilidade abstrata de Menger exatamente a mesma coisa para Bernstein – uma pura abstração. Esquece-se completamente, entretanto, de que a abstração de Marx não é uma invenção, e sim uma descoberta, que não existe na cabeça de Marx e sim na economia mercantil, que não tem existência imaginária, e sim existência social real, tão real que pode ser cortada e martelada, pesada e cunhada. Sob sua forma desenvolvida, não é o trabalho abstrato, humano, descoberto por Marx, outra coisa senão o dinheiro. E é esta precisamente uma das mais geniais descobertas econômicas de Marx, ao passo que, para toda a economia política burguesa, do primeiro mercantilista ao último dos clássicos, a essência mística do dinheiro permaneceu um enigma insolúvel.

Ao contrário, a utilidade abstrata de Böehm-Jevons não é efetivamente mais do que uma construção do espírito, ou melhor, uma representação do vazio intelectual, um disparate individual, pelo qual não pode ser responsabilizada nem a sociedade capitalista e nem qualquer outra sociedade humana, mas exclusivamente a própria economia vulgar burguesa. Com esta "construção do espírito", podem Bernstein, Böehm e Jevons, com toda a comunidade subjetivista, continuar ainda por 20 anos, em face do mistério do dinheiro, sem chegar a outra solução senão a já encontrada, sem eles, por qualquer sapateiro, isto é, que o dinheiro também é coisa "útil".

Com isto, Bernstein perdeu completamente qualquer compreensão da lei do valor de Marx. Para alguém que esteja familiarizado, por pouco que seja, com a doutrina econômica de Marx, é absolutamente evidente que, sem a lei do valor, toda a doutrina permanece inteiramente incompreensível, ou, mais concretamente falando, se não se compreende a essência da mercadoria e de sua troca, toda a economia capitalista, com todos os seus encadeamentos, deve necessariamente permanecer um enigma insolúvel.

Mas qual a chave mágica que permitiu precisamente a Marx penetrar os segredos mais íntimos de todos os fenômenos capitalistas, resolver, como que brincando, problemas que os maiores espíritos da economia política burguesa e clássica, tais como Smith e Ricardo, nem mesmo vislumbravam? Nada mais, nada menos que a concepção de toda a economia capitalista como fenômeno histórico, não só como a compreendeu, no melhor dos casos, a economia clássica – quanto ao passado da economia feudal – mas também quanto ao futuro socialista. O segredo da teoria do valor de Marx, de sua análise do dinheiro, de sua teoria do capital, da taxa de lucro e, portanto, de todo o sistema econômico atual, está no caráter transitório da economia capitalista, no seu desmoronamento e, por conseguinte – este é apenas o outro aspecto –, na finalidade socialista. É precisa e unicamente porque Marx considerava em primeiro lugar como socialista, isto é, de um ponto de vista histórico, a economia capitalista, que pôde decifrar os seus hieróglifos, e é porque fez do ponto de vista socialista o ponto de partida da análise científica da sociedade burguesa que pôde, por sua vez, dar ao socialismo uma base científica.

É por este estalão que se devem medir as observações feitas por Bernstein no fim de seu livro, em que se queixa do "dualismo" "que se pode acompanhar através de toda a obra monumental de Marx", "dualismo esse que consiste em querer a obra ser um estudo científico e ao mesmo tempo provar uma tese completamente elaborada muito antes de sua redação, em ter por base um esquema que continha de antemão o resultado a que se queria chegar. A volta ao *Manifesto comunista* (isto é, à finalidade do socialismo!) mostra aqui que há um resto de utopismo na doutrina de Marx".

Mas o "dualismo de Marx" outra coisa não é que o dualismo do futuro socialista e do presente capitalista, do capital e do trabalho, da burguesia e do proletariado, o monumental reflexo científico do dualismo que de fato existe na sociedade burguesa, dos antagonismos de classe existentes no seio do regime capitalista.

E se Bernstein vê nesse dualismo teórico de Marx "um resto de utopismo", só faz com isso confessar ingenuamente que nega o dualismo histórico da sociedade burguesa, os antagonismos de classe capitalistas, e que o próprio socialismo é hoje para ele "uma sobrevivência do utopismo". O "monismo", isto é, a unidade de Bernstein, é a unidade do regime capitalista eterno, unidade do socialista que renunciou à sua finalidade para ver na sociedade burguesa una e imutável o fim do desenvolvimento humano.

Mas se Bernstein não vê na própria estrutura econômica do capitalismo a divisão, o desenvolvimento na via do socialismo, vê-se forçado, para salvar pelo menos em aparência o programa socialista, a recorrer a uma construção idealista, à parte do desenvolvimento econômico, e a transformar o próprio socialismo, de determinada fase histórica do desenvolvimento social que é, em um "princípio" abstrato.

Eis porque o "princípio do cooperativismo", fraca decantação da finalidade socialista, com que quer Bernstein enfeitar a economia capitalista, aparece como concessão de sua teoria burguesa, feita, não ao futuro socialista da sociedade, mas ao passado socialista do próprio Bernstein.

Sindicatos, cooperativas e democracia política

Acabamos de ver que o socialismo de Bernstein tende a fazer os operários participar da riqueza social, a transformar os pobres em ricos. Como consegui-lo? Em seus artigos publicados na *Neue Zeit* sob o título "Problemas do socialismo", só fazia a esta questão alusões muito vagas. Ao contrário, encontramos no seu livro todas as informações desejáveis: deve o seu socialismo realizar-se por dois meios: pelos sindicatos, ou, para dizer como Bernstein, pela democracia econômica, e pelas cooperativas. Quer suprimir pelos primeiros o lucro industrial, e pelas últimas o lucro comercial.

Quanto às cooperativas, e antes de tudo, às cooperativas de produção, são elas pela sua essência um ser híbrido dentro da economia capitalista: a pequena produção socializada dentro de uma troca capitalista. Mas, na economia capitalista, a troca domina a produção, fazendo da exploração impiedosa, isto é, da completa dominação do processo de produção pelos interesses do capital, em face da concorrência, uma condição de existência da empresa. Praticamente, exprime-se isso pela necessidade de intensificar o trabalho o mais possível, de reduzir ou prolongar as horas de trabalho conforme a situação do mercado, de empregar a força de trabalho segundo as necessidades do mercado ou de atirá-la na rua, em suma, de praticar todos os métodos muito conhecidos que permitem a uma empresa capitalista enfrentar a concorrência das outras. Resulta daí, por conseguinte, para a cooperativa de produção, verem-se os operários na necessidade contraditória de governar-se a si mesmos com todo o absolutismo necessário e desempenhar entre eles mesmos o papel do patrão capitalista. É desta contradição que morre a cooperativa de produção, quer pela volta à empresa capitalista, quer, no caso de serem mais fortes os interesses dos operários, pela dissolução. São esses fatos que o próprio Bernstein constata, mas que evidentemente não compreende quando, com a sra. Potter-Webb, vê na falta de "disciplina" a causa do fracasso das cooperativas de produção na Inglaterra. O que aqui se qualifica vulgar e superficialmente de "disciplina" outra coisa não é senão o regime absoluto natural ao capital, e que evidentemente os operários não podem empregar contra si mesmos[7].

---

[7] "As fábricas cooperativas de operários são em si mesmas, nos quadros da forma antiga, a primeira ruptura dessa forma antiga, se bem sejam forçadas, naturalmente, a reproduzir em tudo, na sua verdadeira organização, todos os defeitos do sistema existente" (Marx, *O capital*, tomo III).

Resulta daí que só contornando a contradição que oculta em si mesma, entre o modo de produção e o modo de troca, subtraindo-se assim artificialmente às leis da livre concorrência, pode a cooperativa de produção assegurar sua existência no seio da economia capitalista. Só tendo um mercado, um círculo constante de consumidores, garantido de antemão, pode ela atingir esse alvo. Justamente, a *cooperativa de consumo* lhe fornece esse meio. Mais uma vez, reside aí, e não na distinção entre cooperativas de compra e de venda, como pretende Oppenheimer, o segredo de que trata Bernstein, o de saber por que fracassam as cooperativas de produção independentes, e por que só a cooperativa de consumo lhes pode assegurar a existência.

Mas, se com isso ficam as condições de existência das cooperativas de produção na sociedade atual ligadas às condições de existência das cooperativas de consumo, vem resultar daí que as cooperativas de produção têm de limitar-se, na melhor das hipóteses, a um pequeno mercado local e a reduzido número de produtos de necessidade imediata, de preferência produtos alimentícios. Todos os ramos mais importantes da produção capitalista: indústria têxtil, mineira, metalúrgica, petrolífera, como a indústria de construção de máquinas, locomotivas e navios, estão de antemão excluídos da cooperativa de consumo e, portanto, das cooperativas de produção. Eis porque, sem ter em conta o seu caráter híbrido, as cooperativas de produção não podem ser consideradas uma reforma social geral, pela simples razão de pressupor a sua realização geral, antes de tudo, a supressão do mercado mundial e a dissolução da economia mundial atual em pequenos grupos locais de produção e de troca, constituindo no fundo, por conseguinte, um retrocesso da economia do grande capitalismo à economia mercantil da Idade Média. Mas, mesmo nos limites de sua possível realização, no domínio da sociedade atual, as cooperativas de produção se reduzem necessariamente a simples anexos das cooperativas de consumo, as quais aparecem no primeiro plano, como base principal da reforma socialista planejada. Mas, com isso, reduz-se toda a reforma socialista por meio de cooperativas, de luta contra o capital de produção, isto é, contra a principal base da economia capitalista, a uma luta contra o capital comercial e, principalmente, contra o pequeno e médio capital comercial, isto é, unicamente contra *pequenos ramos* do tronco capitalista.

Quanto aos sindicatos, que são, por sua vez, segundo Bernstein, um meio de luta contra a exploração do capital de produção, já mostramos que não estão em condições de garantir aos operários qualquer influência no processo da produção, nem no que concerne às *dimensões* da produção nem no que concerne aos seus processos técnicos.

E no que diz respeito ao lado puramente econômico da "luta da taxa de salário contra a taxa de lucro", segundo a denomina Bernstein, esta luta, como também já demonstramos, não se trava no firmamento azul, mas nos quadros bem determinados da lei dos salários, que ela só pode aplicar, e não romper. O que se verifica também de modo muito claro ao considerar-se a questão sob outro aspecto, colocando a questão das verdadeiras funções dos sindicatos.

Os sindicatos, a que Bernstein atribui a tarefa de dirigir o verdadeiro assalto, na luta emancipadora da classe operária, contra a taxa de lucro industrial, transformando-o por etapas em taxa de salário, não estão absolutamente em condições de dirigir uma política de ofensiva econômica contra o lucro, porque na verdade não são mais que a *defesa* organizada da força-trabalho contra os ataques do lucro, a expressão da resistência da classe operária contra a tendência opressora da economia capitalista. Isto, por dois motivos.

Primeiro: os sindicatos têm por tarefa influenciar, pela sua organização, a situação do mercado da mercadoria força-trabalho mas esta organização transborda constantemente em virtude do processo de proletarização das classes médias, que traz continuamente novos contingentes daquela mercadoria ao mercado do trabalho. Segundo: os sindicatos propõem-se a melhorar as condições de existência da classe operária, a aumentar a parte da riqueza social que lhe cabe mas, com a fatalidade de um processo da natureza, esta parte é constantemente reduzida pelo aumento de produtividade do trabalho. Não é de modo algum necessário ser marxista para compreender isso; basta que se tenha tido em mãos uma vez o livro de Rodbertus intitulado: *Para explicação da questão social*.

Portanto, transforma-se a luta sindical, nessas duas principais funções econômicas, em virtude das condições objetivas da sociedade capitalista, em uma espécie de trabalho de Sísifo. Aliás, esse trabalho de Sísifo é indispensável para que de acordo com uma dada situação do mercado, o operário receba a taxa de salário que lhe cabe, para que seja aplicada a lei capitalista do salário, e a tendência depressiva do desenvolvimento econômico seja paralisada ou, com mais precisão, atenuada em seu efeito. Mas se se pretende transformar os sindicatos em meio de redução progressiva do lucro em favor do salário, pressupõe-se, antes de tudo como condição social, primeiro, uma parada da proletarização das classes médias e consequente crescimento da produtividade do trabalho; por conseguinte, pressupõe em ambos os casos, tal como a realização da economia cooperativa de consumo, *um regresso às condições pré-capitalistas*.

Os dois meios, graças aos quais se propõe Bernstein a realizar a reforma socialista, isto é, cooperativas e sindicatos, evidenciam-se pois absolutamente incapazes de transformar o modo de produção capitalista. Aliás, o próprio Bernstein tem disso uma vaga percepção, quando os considera apenas como meios de reduzir o lucro capitalista, enriquecendo assim os operários. Mas, com isso, renuncia espontaneamente à luta contra *o modo de produção capitalista*, dirigindo o movimento socialista apenas no sentido da luta contra o modo de repartição capitalista. O próprio Bernstein várias vezes qualifica o seu socialismo de esforço tendente a um modo de repartição "justo", "mais justo", e até mesmo "ainda mais justo" (*Vorwärts*, de 26 de março de 1899).

Incontestavelmente, em todo o caso é o modo "injusto" de repartição do regime capitalista a causa direta que arrasta as massas populares para o movimento social-democrata. E, lutando pela socialização de toda a economia, com isso aspira a social-democracia também, naturalmente, a uma repartição "justa" da riqueza social. Mas, graças à compreensão alcançada por Marx, de que o modo de repartição de determinada época não é mais, que uma consequência natural do modo de produção dessa época, a social-democracia não luta contra a repartição nos *quadros* da produção capitalista, e sim tendo em vista a supressão da própria produção capitalista de mercadorias. Em suma, a social-democracia quer estabelecer *o modo de repartição socialista* por meio de supressão do *modo de produção capitalista*, ao passo que o método bernsteiniano consiste, bem ao contrário, em combater o modo de repartição capitalista, na esperança de conseguir estabelecer progressivamente, por este meio, *o modo de produção socialista*.

Mas, nesse caso, em que se pode fundar a reforma socialista bernsteiniana? Em determinadas tendências da produção capitalista? Não. Primeiro porque ele nega essas tendências, e segundo porque, infere-se de tudo que foi dito, a transformação socialista é para ele o efeito e não a causa da repartição. Portanto, não pode o seu socialismo ter uma base econômica. Depois de ter invertido completamente as finalidades e meios do socialismo e, por conseguinte, suas condições econômicas, Bernstein não pode dar ao seu programa uma base materialista; é obrigado, dessa forma, a construir uma base idealista.

"Por que imaginar-se que o socialismo é uma consequência da coação econômica?" objeta ele. "Por que degradar a compreensão, *o sentimento do direito, a vontade humana*?" (*Vorwärts*, 26 de março de 1899). A repartição mais justa, pensa Bernstein, deve realizar-se, portanto, graças à livre vontade humana, e não como consequência da necessidade econômica, ou, mais precisamente, uma vez que a própria vontade é um simples instrumento, graças a compreensão da justiça, em suma, *graças à ideia de justiça*.

Chegamos assim com muita felicidade ao princípio da justiça, esse velho cavalo de batalha há milênios montado, por todos os reformadores de todo o mundo, à falta de meios históricos de transporte mais seguros, àquele lamentável Rocinante que, levando às costas todos os Dom Quixotes da história, galopou para a grande reforma do mundo, para afinal trazer de volta para casa tristemente os seus cavaleiros amarrotados.

A relação do rico para o pobre, como base social do socialismo, o princípio de cooperação como seu conteúdo, a "repartição mais justa" como seu objetivo final, e a ideia de justiça como sua única legitimação histórica – com quanto mais força, mais espírito e brio não defendeu Weitling, há mais de 50 anos, *esta espécie* de socialismo! Sem dúvida, aquele alfaiate genial ainda não conhecia o socialismo científico. E se hoje, meio século mais tarde, aquela concepção, espicaçada por Marx e Engels, é remendada e apresentada ao proletariado como a última palavra da ciência, é esse, em todo caso, também o feito de um alfaiate, mas que nada tem de genial.

* * *

Assim como os sindicatos e cooperativas são pontos de apoio econômicos, assim também é um desenvolvimento crescente da democracia a principal condição política da teoria revisionista. Para o revisionismo, as atuais manifestações da reação não passam de "sobressaltos" que ele considera fortuitos e momentâneos, e que não leva em conta na elaboração das diretrizes gerais da luta operária.

Segundo Bernstein, a democracia é etapa inevitável do desenvolvimento da sociedade moderna, que se lhe afigura, como aos teóricos burgueses do liberalismo, ser a grande lei fundamental do desenvolvimento histórico, devendo todas as forças ativas da vida política servir para a realização dela. Mas, sob esta forma absoluta, tal conclusão é completamente errônea, não passando de uma vulgarização superficial, pequeno-burguesa, dos resultados de uma curta fase do desenvolvimento burguês, dos últimos 25 a 30 anos. Se examinarmos de perto o desenvolvimento da democracia na história e, ao mesmo tempo, a história política do capitalismo, chegaremos a conclusões totalmente diversas.

Quanto ao primeiro ponto, encontramos a democracia nas mais diversas formações sociais: nas sociedades comunistas primitivas, nos Estados escravagistas da antiguidade, nas comunas medievais. Assim também, encontramos o absolutismo e a monarquia constitucional nos mais diversos regimes econômicos. Por outro lado, o capitalismo nascente, como sistema de produção de mercadorias, dá origem a constituições democráticas nas comunas municipais da Idade Média; mais tarde, em sua forma mais desenvolvida, como sistema de produção manufatureira, encontra na monarquia absoluta a forma política que lhe corresponde. Por fim, como sistema de economia industrial desenvolvida, produz sucessivamente na França a república democrática (1793), a monarquia absoluta de Napoleão I, a monarquia nobiliária do tempo da Restauração (1815-1830), a monarquia constitucional burguesa de Luís Felipe, e depois, de novo, a república democrática, e depois, mais uma vez, a monarquia de Napoleão III, e enfim, pela terceira vez, a república. Na Alemanha, a única instituição verdadeiramente democrática, que é o sufrágio universal, não é conquista do liberalismo burguês, e sim um instrumento para a fusão dos pequenos Estados, e por conseguinte só nesse sentido tem importância para o desenvolvimento da burguesia alemã, que em tudo mais se contenta com uma monarquia constitucional semifeudal. Na Rússia, longos anos prosperou o capitalismo sob o regime do absolutismo oriental, sem que tivesse a burguesia manifestado o mínimo desejo de ver introduzida a democracia. Na Áustria, o sufrágio universal apareceu principalmente como tábua de salvação para a *monarquia* em vias de decomposição. Na Bélgica, enfim, a conquista democrática do movimento operário – o sufrágio universal – é incontestavelmente devida à fraqueza do militarismo, e portanto à situação geográfica e política toda especial da Bélgica, e é, acima de tudo, precisamente um "pouco de democracia" conquistado, não *pela burguesia*, e sim *contra* ela.

O progresso ininterrupto da democracia, que, para o nosso revisionismo como para o liberalismo burguês, se apresenta como a grande lei fundamental da história humana, ou pelo menos da história moderna, é por conseguinte, examinando-se-o atentamente, um espectro. Não se pode estabelecer, entre o desenvolvimento capitalista e a democracia, qualquer relação geral absoluta. A forma política é pois sempre resultante do conjunto dos fatores políticos tanto interiores como exteriores, e cabem dentro de seus limites todos os diversos graus da escala, desde a monarquia absoluta até a república democrática.

Portanto, se temos de renunciar a estabelecer uma lei histórica geral do desenvolvimento da democracia, mesmo nos quadros da sociedade moderna, voltando--nos apenas para a fase atual da história burguesa, ainda aqui constataremos, na situação política, fatores que não conduzem à realização do esquema bernsteiniano, mas antes, ao contrário, ao abandono, pela sociedade burguesa, das conquistas até aqui realizadas.

Por um lado as instituições democráticas esgotaram completamente o seu papel no desenvolvimento da sociedade burguesa, o que é da maior importância. Na medida em que foram necessárias à fusão dos pequenos Estados e criação de grandes Estados modernos (Alemanha, Itália), atualmente já não são mais indispensáveis. Nesse ínterim, o desenvolvimento econômico produziu uma cicatrização orgânica interior.

O mesmo se pode dizer no tocante à transformação de toda a máquina política e administrativa de Estado, de mecanismo feudal ou semifeudal, em mecanismo capitalista. Essa transformação, que historicamente foi inseparável do desenvolvimento da democracia, também já está hoje tão completamente realizado que os "ingredientes" puramente democráticos da sociedade, o sufrágio universal, a forma de Estado republicano, poderiam ser suprimidos sem que a administração, as finanças, a organização militar necessitassem voltar às formas anteriores à Revolução de Março.

Se, por conseguinte, o liberalismo é em si mesmo absolutamente inútil à sociedade burguesa, tornou-se, por outro lado, um empecilho direto, sob outros pontos de vista importantes. Aqui, é preciso ter em conta dois fatores que dominam toda a vida política dos Estados atuais: *política mundial e o movimento operário* – não passando ambos de dois aspectos diferentes da fase atual do desenvolvimento capitalista.

O desenvolvimento da economia mundial, a agravação e generalização da concorrência no mercado mundial, fizeram do militarismo e do navalismo, na qualidade de instrumentos da política mundial, fator decisivo da vida dos grandes Estados, tanto exterior como interior. Mas, se a política mundial e o militarismo representam tendência ascendente da fase atual do capitalismo, logicamente deve a democracia burguesa evoluir em linha descendente.

Na Alemanha, a democracia burguesa pagou imediatamente com duas vítimas a era dos grandes armamentos, que data de 1893, e a política mundial inaugurada com a tomada de Kiao-Tcheu: a decomposição do liberalismo e o esvaziamento do Partido do Centro, que passou da oposição para o governo. As últimas eleições para o Reichstag, em 1907, efetuados sob o signo da política colonial alemã, são ao mesmo tempo o enterro histórico do liberalismo alemão.

Se a política exterior atira assim a burguesia nos braços da reação, isso não se verifica menos no caso da política interior, graças ao surto da classe operária. O próprio Bernstein o reconhece, quando responsabiliza a lenda social-democrata do proletariado "que quer devorar tudo"[8], ou, em outras palavras, os esforços socialistas da classe operária, pela deserção da burguesia liberal. Para

---

[8] Bernstein se refere às "frases grandiloquentes sobre a expropriação geral violenta, que se produzirá de uma só vez por toda parte". (*Neue Zeit*, 1898-1899, II, p. 841).

que o liberalismo mortalmente amedrontado saia da toca da reação, aconselha ele ao proletariado a renúncia à finalidade socialista. Com isso, fazendo da supressão do movimento operário socialista condição essencial da democracia burguesa, o próprio Bernstein prova de modo insofismável que essa democracia está tanto em contradição com a tendência interna de desenvolvimento da sociedade atual quanto o próprio movimento socialista é produto direto dessa tendência.

E prova ainda outra coisa. Fazendo da renúncia da classe operária à sua finalidade socialista a condição essencial da ressurreição da democracia burguesa, ele mesmo mostra, reciprocamente, até que ponto é inexato pretender-se que a democracia burguesa seja condição indispensável do movimento e da vitória socialista. Aqui, resulta num círculo vicioso a argumentação de Bernstein, porque a conclusão destrói as premissas.

É na verdade muito simples a solução do problema: do fato de ter o liberalismo burguês exalado o seu último suspiro, de medo do movimento operário crescente e de suas finalidades, resulta apenas que é hoje precisamente o movimento socialista operário o único apoio da democracia, que não pode haver outro apoio e que não é a sorte do movimento socialista que está ligado à democracia burguesa, mas, ao contrário, a do desenvolvimento democrático que está ligada ao movimento socialista. Que a democracia não vai sendo viável na medida em que a classe operária renuncia à sua luta emancipadora, mas, ao contrário, na medida em que o movimento socialista vai fortalecendo-se bastante para lutar contra as consequências reacionárias da política mundial e da deserção burguesa. Que os que desejarem o reforçamento da democracia devem desejar igualmente o reforçamento, e não o enfraquecimento, do movimento socialista, e que, renunciando aos esforços socialistas, renuncia-se tanto ao movimento operário quanto à própria democracia.

A conquista do poder político

A sorte da democracia, já o vimos, está ligada à do movimento operário. Trata-se agora de saber se o desenvolvimento da democracia torna supérflua ou impossível uma revolução proletária, no sentido da tomada do poder de Estado, da conquista do poder político.
Bernstein liquida esta questão, pesando minuciosamente os aspectos bons e maus da reforma e da revolução, mais ou menos da mesma forma por que se pesam a canela e a pimenta numa cooperativa de consumo. No curso legal do desenvolvimento, vê a ação da inteligência; no curso revolucionário, a do sentimento; no trabalho reformista, um método lento; na revolução, um método rápido de progresso histórico; na legislação, uma força metódica; na sublevação, uma força espontânea.
Há muito que se sabe que o reformador pequeno-burguês vê em todas as coisas um lado "bom" e um "mau",

e que colhe uma espiga em cada seara. Mas também se sabe há muito que o verdadeiro curso dos acontecimentos muito pouco se preocupa com as combinações pequeno-burguesas e que o amontoado cuidadosamente reunido do "lado bom" de todas as coisas imagináveis no mundo desmorona ao primeiro tranco. Com efeito, vemos funcionar na história a reforma legal e o método revolucionário, movidos por causas muito mais profundas que as vantagens ou inconvenientes de um ou outro método.

Na história da sociedade burguesa, a reforma legal serviu para o reforçamento progressivo da classe ascendente até se ter esta sentido bastante forte para se apossar do poder político e suprimir todo o sistema jurídico, substituindo-o em seguida por outro. Bernstein, que ronca contra a conquista do poder político, classificando-a de teoria de violência blanquista, desgraçadamente considera erro blanquista o que há séculos constitui o eixo e a força motriz da história humana. Desde que existem sociedades de classe, e que a luta de classes constitui o conteúdo essencial da história delas, a conquista do poder político foi sempre a finalidade de todas as classes ascendentes, como também o ponto de partida e o coroamento de todas as épocas históricas. É o que constatamos nas longas lutas do campesinato contra os financistas e contra a nobreza, na Roma antiga, nas lutas do patriciado contra o alto clero e nas do artesanato contra os patrícios nas cidades medievais, assim como nas da burguesia contra o feudalismo, nos tempos modernos.

Portanto, a reforma legal e a revolução não são métodos diferentes de desenvolvimento histórico, que se pode escolher à vontade no refeitório da história, como

se escolhe entre salsichas frias ou quentes, e sim *fatores* diferentes no desenvolvimento da sociedade de classe, condicionados um ao outro e que se completam, ainda que se excluindo reciprocamente, como, por exemplo o polo Norte e o polo Sul, a burguesia e o proletariado.
E mesmo, qualquer constituição legal outra coisa não é que *o produto* da revolução. Ao passo que a revolução é o ato de criação política da história de classe, a legislação outra coisa não é que a expressão política da vida e da sociedade. Precisamente, o esforço pelas reformas não contém força motriz própria, independente da revolução; prossegue, em cada período histórico, somente na direção que lhe foi dado pelo impulso da última revolução, e enquanto esse impulso se faz sentir, ou, mais concretamente falando, somente nos quadros da forma social criado pela última revolução. Ora, é precisamente aí que reside o ponto central da questão.
É inteiramente falso e contrário à história representar--se o esforço pelas reformas unicamente como a revolução desdobrada, no tempo, e a revolução como uma reforma condensada. Não se distinguem uma transformação social e uma reforma legal pela *duração*, mas pelo *conteúdo*. É precisamente na transformação de simples modificações quantitativas em uma nova qualidade ou, mais concretamente falando, na passagem de um dado período histórico, de dada forma de sociedade, a outra, que reside todo o segredo das transformações históricas pela utilização do poder político.
Eis porque quem quer que se pronuncie a favor do método das reformas legais, *em vez de e em oposição* à conquista do poder político e à revolução social, não

escolhe, na realidade, um caminho mais tranquilo, mais calmo e mais lento, levando para a *mesma* finalidade, e sim uma finalidade diferente, isto é, modificações superficiais na antiga sociedade, em vez da instauração de nova sociedade. Assim, partindo das concepções políticas do revisionismo, a conclusão é a mesma a que se chegou tendo partido de suas teorias econômicos, isto é, que no fundo, não tendem elas à realização da ordem *socialista*, mas unicamente à reforma da ordem *capitalista*, não à supressão do assalariado, mas à diminuição da exploração, em suma, a supressão dos abusos do capitalismo e não do próprio capitalismo.

Mas, quem sabe se o que acabamos de dizer sobre o papel recíproco da reforma legal e da revolução só vale para as lutas de classe do passado? Quem sabe se hoje, com o desenvolvimento do sistema jurídico burguês, é à reforma legal que incumbe a tarefa de fazer a sociedade passar de uma fase histórica à outra, e a conquista do poder do Estado pelo proletariado "tornou-se uma frase vazia de sentido", como o pretende Bernstein?

Mas a verdade é precisamente o contrário. Como se distingue a sociedade burguesa das outras sociedades de classes – a antiga e a medieval? Precisamente no fato de não repousar hoje a dominação de classe em "direitos adquiridos", e sim em *verdadeiras relações econômicas*, no fato de não ser o salariato uma relação jurídica, e sim uma relação puramente econômica. Em todo o nosso sistema jurídico não se encontrará uma só fórmula da dominação da classe atual. Se ainda restam vestígios de tais fórmulas, são precisamente sobrevivências da sociedade feudal, tal como o regulamento relativo aos criados.

Reforma ou revolução?

Por conseguinte, como suprimir progressivamente, "pela via legal", a escravidão do assalariado, se ela não está absolutamente expressa nas leis? Bernstein, que quer pôr mãos à obra da reforma legal, para por esse meio suprimir o capitalismo, vai encontrar-se na mesma situação daquele policial russo de Uspiensky, que conta sua aventura: "Num movimento rápido, peguei o sujeito pelo colarinho. Mas, que vejo? O desgraçado não tinha colarinho!" Ora, é precisamente esta a dificuldade.

"Todas as sociedades anteriores repousavam no antagonismo entre classe opressora e classe oprimida" (*Manifesto do Partido Comunista*). Mas, nas fases precedentes da sociedade moderna, este antagonismo encontrava expressão em relações jurídicas bem determinadas, e, justamente por isso, podia dar, dentro de certos limites, lugar a novas relações nos quadros das antigas. "Mesmo no seio da servidão, elevou-se o servo à posição de membro da comuna (*Manifesto do Partido Comunista*). Como foi isso possível? Pela supressão progressiva de todos os privilégios das regiões urbanas: corveia, direito de vestir, taxa sobre a herança, direito a melhor moradia, imposto individual, casamento forçado, direito de sucessão etc., que precisamente constituíam em conjunto a servidão.

Foi também deste modo que conseguiu o burguês da Idade Média, debaixo do jugo do absolutismo feudal, elevar-se à categoria de burguês (*Manifesto do Partido Comunista*). Por que meios? Pela supressão formal parcial ou pela dissensão real dos laços corporativos, pela transformação progressiva da administração das finanças e do exército, na medida indispensável.

Por conseguinte, ao estudar a questão do ponto de vista abstrato e não do ponto de vista histórico, pode-se em todo o caso imaginar, em face das antigas relações de classe, uma passagem legal, pelos métodos reformistas, da sociedade feudal à burguesa. Mas, na realidade, que vemos? Que nem aí as reformas legais serviram para tornar inútil a tomada do poder político pela burguesia, mas, ao contrário, para prepará-la e provocá-la. Uma transformação formal político-social era indispensável, tanto para a abolição da servidão quanto para a completa supressão do feudalismo.

Mas hoje a situação ainda é inteiramente diversa. Não é o proletariado obrigado por lei alguma a submeter-se ao jugo do capital e sim pela miséria, pela falta de meios de produção. Mas, nos quadros da sociedade burguesa, não haverá no mundo lei que lhe possa proporcionar esses meios de produção, porque não foi a lei, e sim o desenvolvimento econômico que lhos arrancou.

Assim também, a exploração no *interior* do sistema do salariato não repousa tampouco em leis, pois não são os salários fixados por via legal, e sim por fatores econômicos. E o fato mesmo de exploração não repousa em disposição legal, mas no fato puramente econômico de desempenhar a força-trabalho o papel de mercadoria, que tem, entre outras, a agradável qualidade de produzir valor, e mesmo mais valor do que consome nos meios de subsistência do operário. Em suma, todas as relações fundamentais da dominação da classe capitalista não são possíveis de transformação pelas reformas legais na base da sociedade burguesa, porque não foram introduzidos por leis burguesas, e nem receberam a forma de tais leis.

Ignora-o, aparentemente, Bernstein, pois que se dispõe à "reforma" socialista, mas reconhece-o implicitamente ao escrever, na página 10 de seu livro, que "o móvel econômico age hoje livremente, quando outrora era mascarado por toda sorte de relações de dominação e ideologias".

Mas não é tudo. É ainda uma das particularidades do regime capitalista que, em seu seio, todos os elementos da sociedade futura, no seu desenvolvimento, tomam de início uma feição que, em vez de aproximar-se do socialismo, ao contrário, se afastam dele. Cada vez mais tem a produção um caráter social. Mas de que forma se exprime esse caráter social? Toma a feição da grande indústria, da sociedade por ações, do cartel, que agravam ao extremo, em seu seio, os antagonismos capitalistas, a exploração, a opressão da força-trabalho.

No exército, este desenvolvimento conduz à extensão do serviço militar obrigatório, ao encurtamento do tempo de serviço e, por conseguinte, materialmente, a uma aproximação da milícia popular. Mas isso com a feição do militarismo moderno, em que se manifestam com a maior clareza a dominação do povo pelo Estado militarista, o caráter de classe do Estado.

Nas relações políticas, o desenvolvimento da democracia, na medida em que encontra terreno favorável, conduz à participação de todas as camadas populares na vida política e portanto, de certo modo, ao "Estado popular". Mas isso sob a forma do parlamentarismo burguês, o qual, longe de os suprimir, os antagonismos das classes, a dominação de classe, patenteiam-se, ao contrário, a olhos vistos. É por mover-se o desenvolvimento capitalista através de contradições que o proletariado, para extrair de seu invólucro capitalista a semente da sociedade socialista, deve apossar-se do poder político e suprimir completamente o sistema capitalista.

Sem dúvida, Bernstein chega a conclusões muito diversas: se o desenvolvimento da democracia conduzisse à agravação, e não à atenuação dos antagonismos capitalistas, "a social-democracia, para não tornar mais difícil a tarefa, deveria – diz ele – esforçar-se por impedir a todo custo a extensão das instituições democráticas". Sem dúvida, seria esse o caso se a social-democracia, seguindo o costume pequeno-burguês, achasse prazer nessa fútil ocupação que é aceitar todos os aspectos bons da história e rejeitar todos os maus. Entretanto, deveria ela logicamente esforçar-se por impedir também todo o capitalismo em geral, pois é incontestavelmente ele o celerado que lhe opõe todos os obstáculos na via do socialismo". Na verdade, o capitalismo, com os obstáculos, fornece igualmente as únicas possibilidades de realizar o programa socialista. O mesmo exatamente quanto à democracia.

Se para a burguesia a democracia tornou-se supérflua ou mesmo incômoda, é, ao contrário, necessária e indispensável à classe operária. É necessária em primeiro lugar porque cria formas políticas (administração autônoma, direito eleitoral etc.) que servirão de pontos de apoio ao proletariado em seu trabalho de transformação da sociedade burguesa. Em segundo lugar, é indispensável porque só por meio dela, na luta pela democracia, no exercício de seus direitos, pode o proletariado chegar à consciência de seus interesses de classe e suas tarefas históricas.

Em suma, a democracia é indispensável, não porque torne supérflua a conquista do poder político pelo proletariado, mas, ao contrário, por tornar essa perspectiva *necessária* tanto como *a única possível*. Quando, em seu prefácio à *Luta das classes em França*, Engels fez uma revisão da tática do movimento operário moderno, opondo às barricadas a luta geral, não teve em vista – como se deduz claramente de cada linha desse trabalho seu – a questão da conquista definitiva do poder político, e sim a da luta cotidiana atual; não a atitude do proletariado em relação ao Estado capitalista no momento da tomada do poder, mas sim nos moldes do Estado capitalista. Resumindo, Engels dava diretivas, não ao proletariado vitorioso, mas ao proletariado *oprimido*.

Ao contrário, a célebre frase de Marx sobre a questão agrária na Inglaterra – "é provável que se resolvesse o problema mais facilmente comprando as terras dos *landlords*", frase em que Bernstein também se baseia, não se relaciona à atitude do proletariado antes, e sim depois da vitória. Porque evidentemente só pode compreender-se a compra dos bens das classes dominantes se a classe operária estiver no poder. Era o exercício pacífico da ditadura proletária a eventualidade que Marx encarava, e não a substituição da ditadura pelas reformas sociais capitalistas. Tanto para Marx como para Engels, a necessidade mesma da conquista do poder político pelo proletariado sempre esteve fora de dúvida. Estava reservado a Bernstein ver no poleiro do parlamentarismo burguês o órgão indicado para realizar a mais formidável transformação social da história, a passagem da sociedade capitalista à socialista.

Mas Bernstein começou sua teoria afirmando apenas o temor de ver o proletariado apossar-se prematuramente do poder, e prevenindo-o contra aquele perigo. Deveria então o proletariado, segundo Bernstein, deixar a sociedade burguesa no estado em que está, e sofrer uma horrível derrota. A primeira dedução desse temor expresso por Bernstein é que, caso o proletariado chegasse ao poder, uma só conclusão "prática" deveria ele tirar da teoria de Bernstein: cruzar os braços. Mas, com isso, tal teoria se julga imediatamente a si mesma uma concepção que condena o proletariado à inação, nos momentos mais decisivos da luta, e, por conseguinte, à traição passiva quanto à sua própria causa.

Com efeito, o nosso programa seria um miserável farrapo de papel e nada mais, se não nos servisse para todas as eventualidades e em todos os momentos de luta, e isso pela sua aplicação, e não pelo seu abandono. Se nosso programa contém a fórmula do desenvolvimento histórico da sociedade, do capitalismo ao socialismo, evidentemente deve formular também, em todos os característicos fundamentais, todas as fases transitórias desse desenvolvimento e, portanto, poder indicar ao proletariado, a cada momento, qual a ação que lhes deve corresponder, no sentido do encaminhamento para o socialismo. Resulta daí que não pode o proletariado ser forçado a abandonar às vezes o seu programa ou por ele ser abandonado, o que praticamente, se manifesta em ele ser obrigado moralmente uma vez que tenha sido colocado no poder pela força das circunstâncias, e não deixar de estar em condições de tomar certas medidas que visem a realização de seu programa, certas medidas transitórias tendentes ao socialismo. Atrás da afirmação de que o programa socialista poderia, em qualquer momento da ditadura do proletariado, abrir completa falência, esconde-se inconscientemente outra afirmação a de que *o programa socialista é, de modo geral e em todos os tempos, irrealizável*.

E se são prematuras essas medidas transitórias? Esta pergunta encerra toda uma série de mal-entendidos relativamente ao verdadeiro curso das transformações sociais. Primeiro, a tomada do poder político pelo proletariado, isto é, uma grande classe popular, não se faz artificialmente. Excetuando-se os casos como a Comuna de Paris, em que o poder não foi conquistado pelo proletariado em seguida a uma luta consciente de sua finalidade, mas veio cair nas mãos dele, de modo absolutamente excepcional, como um bem desprezado por todos, essa tomada pressupõe, por si mesma, certo grau de maturidade das relações econômicas e políticas. Reside nisso a diferença essencial entre os golpes de Estado blanquistas realizados por uma "minoria ativa" e que explodem como tiros de revólver, de modo sempre inoportuno, e a conquista do poder político pela grande massa popular consciente, conquista essa que por si mesma só pode ser produto da decomposição da sociedade burguesa e traz em si, por este motivo, a legitimação econômica e política de seu aparecimento oportuno.

Por conseguinte, se a conquista do poder político pela classe operária não pode efetuar-se "cedo demais", do ponto de vista das condições sociais, deve necessariamente efetuar-se "cedo demais", do ponto de vista do efeito político, da *conservação do poder*. A revolução prematura, cuja ideia só por si impede a Bernstein de dormir, ameaça-nos como a espada de Dâmocles, e contra isso de nada servem orações e súplicas, transes e angústias. Isso, por duas razões muito simples.

A primeira é que é inteiramente impossível imaginar-se que uma transformação tão formidável como é a passagem da sociedade capitalista à socialista, se realize de uma só vez, por meio de um golpe feliz do proletariado. Considerá-lo possível é, mais uma vez, dar prova de concepções claramente blanquistas. A transformação socialista pressupõe uma luta demorada e persistente, sendo de todo provável que, no seu curso, se veja o proletariado mais de uma vez rechaçado, e por tal forma a sua ascensão ao poder, da primeira vez, terá sido necessariamente "cedo demais", do ponto de vista do resultado final da luta.

Mas, em segundo lugar, a conquista "prematura" do poder de Estado pelo proletariado não poderá ser evitada, precisamente por isso que estes ataques "prematuros" do proletariado constituem um fator, e mesmo fator muito importante, na criação das condições políticas da vitória final, pelo fato de só no curso da crise política que acompanhará a tomada do poder, no curso de lutas demoradas e tenazes, poder o proletariado chegar ao grau de maturidade política que lhe permita obter a vitória definitiva da revolução. Assim, os próprios ataques "prematuros" do proletariado contra o poder de Estado são fatores históricos importantes, que contribuem a provocar e determinar o *momento* da vitória definitiva. Deste ponto de vista, a ideia de conquista "prematura" do poder político pelas classes laboriosas aparece como um disparate político, proveniente de uma concepção mecânica do desenvolvimento da sociedade, e pressupõe para a vitória da luta de classes um momento estabelecido *fora e independentemente da luta de classes.*

Portanto, uma vez que o proletariado não está em condições de apossar-se do poder político, a não ser "prematuramente", ou, em outras palavras, uma vez que é absolutamente forçado a apossar-se dele uma ou várias vezes "cedo demais", antes de poder conservá-lo definitivamente, a oposição à conquista "*prematura*" do poder outra coisa não é, no fundo, que uma oposição, *em geral, à aspiração do proletariado a apossar-se do Estado.*

Por conseguinte, chegamos logicamente, deste lado, também, assim como todos os caminhos levam a Roma, à conclusão de que a recomendação revisionista de pôr-se de lado a finalidade socialista leva a outra recomendação, que é a de renunciar ao próprio movimento socialista.

O desmoronamento

Bernstein começou a revisão do programa social-democrata pelo abandono da teoria do desmoronamento capitalista. Mas é essa teoria a pedra angular do socialismo científico, e a rejeição dessa pedra angular havia logicamente de levar ao desmoronamento de toda a doutrina socialista em Bernstein. E com efeito, no correr da discussão, ele foi abandonando, uma após outra, para poder sustentar o que afirmara de início, as posições do socialismo.

Sem desmoronamento do capitalismo, é impossível a expropriação da classe capitalista. Bernstein renuncia então à expropriação, para estabelecer como finalidade do movimento operário a realização progressiva do "princípio cooperativo".

Mas no seio da produção capitalista não pode realizar-se a cooperação. Por conseguinte, Bernstein renuncia a socialização da produção, e aspira unicamente à reforma do comércio, ao desenvolvimento das cooperativas de consumo.

Mas a transformação da sociedade pelas cooperativas de consumo, mesmo com sindicatos, é incompatível com o desenvolvimento material real da sociedade capitalista. Eis porque abandona Bernstein a concepção materialista da história.

Mas, *sua* concepção da marcha do desenvolvimento econômico é incompatível com a teoria marxista da mais-valia. Também, abandona Bernstein a teoria do valor e da mais-valia e, com isso, toda a doutrina econômica de *Karl Marx*.

Mas não pode a luta de classe proletária ser conduzida sem finalidade determinada e sem base econômica na sociedade atual. Bernstein abandona então a luta de classe e proclama a reconciliação com o liberalismo burguês.

Mas, sendo a luta de classe um fenômeno inteiramente natural e inevitável numa sociedade de classe, Bernstein vem a contestar a própria existência de classes na nossa sociedade. Para ele, a classe operária não passa de um amontoado de indivíduos, divididos não só política e intelectualmente, como ainda economicamente. E também a burguesia, no seu dizer, não está agrupado politicamente por interesses econômicos internos, mas unicamente por uma pressão exterior, de cima ou de baixo.

Mas, se não há base econômica para a luta de classe e, por conseguinte, nem tampouco classes, a luta do proletariado contra a burguesia, não só a futura como até mesmo a passada, manifesta-se impossível, e a própria social-democracia e seus sucessos são absolutamente incompreensíveis. Ou então só se explicam como resultantes da pressão política do governo, não como consequência natural do desenvolvimento histórico, e sim consequência fortuita da política dos Hohenzollern; não como filho legítimo da sociedade capitalista, e sim filho bastardo da reação. É assim que, com uma lógica rigorosa, Bernstein passa da concepção materialista da história à do *Frankfurter Zeitung* e à do *Vossische Zeitung*.

Depois de ter abjurado toda a crítica socialista da sociedade capitalista, só resta achar igualmente satisfatório o atual estado de coisas, pelo menos de um modo geral. E também diante disso não recua Bernstein: acha que atualmente na Alemanha a reação não é tão forte assim, que "nos países da Europa Ocidental, não se pode falar de reação política"; e que, em todos os países do Ocidente, "a atitude das classes burguesas com relação ao movimento socialista representa, no máximo, atitude de defesa e não de opressão" (*Vorwaerts*, 26 de março de 1899). Longe de agravar-se, a situação dos operários, ao contrário, melhora, a burguesia é politicamente progressista e até mesmo moralmente sã. Não se pode falar em reação ou opressão. E tudo vai bem no melhor dos mundos...

É assim que Bernstein desce de A a Z, de modo inteiramente lógico e consequente. Começou por abandonar o objetivo final do movimento, mas, como não pode haver, de fato, movimento social-democrata sem finalidade socialista, vê-se forçado a renunciar ao próprio *movimento*.

Desmorona assim toda a concepção socialista de Bernstein. A orgulhosa e admirável construção simétrica da doutrina socialista é doravante para ele um amontoado de escombros, em que jazem em vala comum destroços de todos os sistemas, pedaços de pensamentos de todos os espíritos, grandes e pequenos. Marx e Proudhon, Leo von Buch e Franz Oppenheimer, Friedrich Albert Lange e Kant, M. Prokopovitch e o dr. Ritter von Neupauer, Herkner e Schulze-Gaevernitz, Lassalle e o professor Julius Wolff, trouxeram todos a sua contribuição ao sistema bernsteiniano. De cada um tirou ele um pouco. Que de espantoso há nisso? Ao abandonar o ponto de vista de classe, perdeu ele, o compasso político; ao abandonar o socialismo científico, perdeu o eixo de cristalização intelectual que agrupa ao redor de si, no todo orgânico de uma concepção consequente do mundo, os fatos isolados.

Composta indistintamente de pedaços de todos os sistemas imagináveis, esta doutrina parece à primeira vista completamente isenta de preconceitos. Porque Bernstein não quer ouvir falar de "ciência de partido", ou, mais precisamente, de ciência de classe, como não quer que se fale de liberalismo de classe, de moral de classe. Julga representar uma ciência abstrata, geral, humana, um liberalismo abstrato, uma moral abstrata. Mas, como a verdadeira sociedade se compõe de classes que têm interesses, aspirações, concepções, diametralmente opostas, é pura utopia, ilusão, por enquanto, pensar-se em ciência humana geral nas questões sociais, em liberalismo abstrato, moral abstrata. O que Bernstein julga ser a sua ciência, sua democracia, sua moral, gerais, humanas, nada mais é do que a ciência, a democracia, a moral reinantes, isto é, ciência burguesa, a democracia burguesa, a moral burguesa.

E, com efeito, abjurando a doutrina econômica de Marx para jurar fé aos ensinamentos de Brentano, de Böehm-Jevons, de Say, de Julius Wolff, que faz ele, senão trocar a base científica da emancipação da classe operária por uma apologia da burguesia? Falando do caráter geral humano do liberalismo e transformando o socialismo em uma variante do liberalismo, que faz ele, senão extirpar do socialismo o seu caráter de classe e, por conseguinte, seu conteúdo histórico, logo qualquer conteúdo de um modo geral, e, reciprocamente, fazer da classe que representa historicamente o liberalismo – a burguesia – representante dos interesses gerais da humanidade?

E declarando guerra à "elevação dos fatores materiais à categoria de forças onipotentes do desenvolvimento", ao pretenso "desprezo do ideal" reinante no seio da social-democracia, fazendo falar o idealismo, a moral, e ao mesmo tempo pronunciando-se contra a única fonte de ressurgimento moral do proletariado, que é a luta de classe revolucionária – que faz ele, no fundo, senão pregar à classe operária a quintessência da moral burguesa, a reconciliação com a ordem social existente e a transposição de suas esperanças para o além que é o mundo de representações morais?

Enfim, dirigindo contra a dialética as suas setas mais acertadas, que faz ele, senão combater o modo de pensar específico do proletariado consciente em luta por sua libertação, tentar quebrar o punhal que serviu ao proletariado na dilaceração das trevas de seu futuro, a arma intelectual que o auxilia a triunfar da burguesia, embora ainda subjugado materialmente, porque a convenceu do caráter transitório dela, provou-lhe a inelutabilidade de sua vitória, e já realizou a revolução no domínio do espírito! Despedindo a dialética e apropriando-se da gangorra intelectual do "por um lado – pelo outro", do "sim – mas", do "embora – todavia", do "mais – menos" etc., vem recair de maneira muito consequente no modo de pensar historicamente determinado da burguesia em declínio, modo de pensar esse que não é senão o fiel reflexo intelectual de sua existência social e de seu privilégio político. O "por um lado – pelo outro", político, "se" e o "mas" da burguesia atual parecem-se impressionantemente com o modo de pensar de Bernstein, e este modo de pensar, por sua vez, é o mais puro e mais fino, sintoma de sua concepção burguesa do mundo.

Mas, para Bernstein, a própria palavra "burguês" não é expressão de classe, e sim noção social geral. Isso significa apenas que, lógico até o fim, ele trocou também – com a ciência, a política, a moral e o modo de pensar – a linguagem histórica do proletariado pela da burguesia. Classificando de "cidadãos", indistintamente, o burguês e o proletário, e, por conseguinte, o homem em geral, este se lhe afigura, na realidade, idêntico ao próprio burguês, e a sociedade humana idêntica à burguesa.

O oportunismo na teoria e na prática

O livro de Bernstein é de grande importância teórica para o movimento operário alemão e internacional: é a primeira tentativa de dar às correntes oportunistas na social-democracia uma base teórica.

As correntes oportunistas há muito que existem em nosso movimento, se tivermos em conta suas manifestações esporádicas, tais como a da célebre questão da subvenção para os vapores. Mas é só a partir de 1890, mais ou menos, desde a supressão das leis de exceção contra os socialistas e a volta destes à atividade legal, que se verifica uma corrente unida e de caráter claramente determinado. O socialismo de Estado de Vollmar, a votação do orçamento da Baviera, o socialismo agrário da Alemanha do Sul, a política de compensação de Heine, a política alfandegária e a milícia de Schippel, são essas as principais etapas do desenvolvimento da prática oportunista.

Qual a sua principal característica, exteriormente? A hostilidade à "teoria". E é muito natural, pois nossa "teoria", isto é, os princípios do socialismo científico, impõe à atividade prática limites muito precisos, tanto no que diz respeito às *finalidades* que se têm em mira como aos *meios* a empregar para atingi-las, como também ao próprio *método de luta*. Daí o esforço natural dos que buscam somente resultados práticos imediatos para libertar-se, isto é, separar nossa prática da "teoria", tornar uma independente da outra.

Mas, a cada tentativa prática, encarrega-se essa teoria de revelar por si mesma a própria nulidade: o socialismo de Estado, o socialismo agrário, a política de compensação, a questão da milícia, são outras tantas derrotas para o oportunismo. Está claro que, para manter-se contra os nossos princípios, tal corrente devia logicamente acabar investindo contra a própria teoria, contra os princípios, em vez de ignorá-los; havia de tentar abalá-los e elaborar uma teoria própria. A teoria de Bernstein é precisamente uma tentativa nesse sentido, e é por isso que vimos, no congresso de Stuttgart, todos os elementos oportunistas imediatamente cerrarem fileiras junto à bandeira bernsteiniana. Se, na atividade prática do Partido, as correntes oportunistas constituem fenômeno inteiramente natural, explicável pelas condições especiais de nossa luta e seu desenvolvimento, é a teoria de Bernstein tentativa não menos natural de agrupar essas correntes em uma expressão teórica geral, elaborar condições teóricas próprias e romper com o socialismo científico. Eis porque a teoria de Bernstein veio pôr à prova teoricamente o oportunismo, foi a sua primeira legitimação científica.

Que resultou dessa prova? Já o vimos. O oportunismo não se acha em condições de elaborar uma teoria positiva, capaz, por qualquer forma, de suportar a crítica. Tudo que pode fazer é, começando a combater a doutrina marxista em suas diversas teses isoladamente, chegar a investir contra todo o sistema, desde o alicerce ao último andar, já que esta doutrina constitui edifício solidamente composto. Isto vem provar que, pela essência e pela base, a pratica oportunista é irreconciliável com o marxismo.

Mas, com isso, fica igualmente provado que o oportunismo é incompatível com o socialismo em geral, que sua tendência interna é para canalizar nas vias burguesas o movimento operário, isto é, paralisar completamente a luta de classe proletária. Sem dúvida, a considerá-la historicamente, não se pode identificar esta luta à doutrina marxista. Porque houve, *antes* de Marx e independentemente dele, um movimento operário e diversas doutrinas socialistas, que eram, cada uma em seu gênero, a expressão teórica, correspondente às condições da época, da luta emancipadora da classe operária. A teoria que fundava o socialismo na noção moral da justiça, na luta contra o modo de repartição, em vez de baseá-lo na luta contra o modo de produção, a concepção dos antagonismos de classe sob o aspecto de antagonismos entre pobres e ricos, o esforço tendente a enxertar na economia capitalista o "princípio corporativo", tudo isso, que encontramos na doutrina de Bernstein, já existia antes dele. E, apesar de toda a insuficiência delas, essas teorias, *em seu tempo*, eram verdadeiras teorias de luta de classe proletária, eram gigantescos sapatos de bebê, com que o proletariado aprendeu a caminhar na arena da história.

Mas, depois de ter o desenvolvimento da própria luta, de classe e de suas condições sociais levado ao abandono dessas teorias e à elaboração dos princípios do socialismo científico, não pode existir – pelo menos na Alemanha – socialismo algum que não seja o marxista, luta de classe socialista alguma fora da social-democracia. Doravante, socialismo e marxismo, a luta proletária pela emancipação e a social-democracia, são idênticos. Eis porque hoje a volta às teorias socialistas pré-marxistas nem mesmo significa mais a volta aos gigantescos sapatos de bebê do proletariado, mas a volta aos chinelos minúsculos e gastos da burguesia.

A teoria de Bernstein foi ao mesmo tempo *a primeira e a última* tentativa de dar ao oportunismo uma base teórica. Dizemos a última porque, no sistema bernsteiniano, tanto por seu lado negativo, na abjuração do socialismo científico, como pelo positivo, no amálgama de toda a confusão teórica disponível, ele se adiantou tanto que nada mais lhe resta fazer. Com o livro de Bernstein, o oportunismo coroou o seu desenvolvimento político (tal como completou o seu desenvolvimento prático com a posição tomada por Schippel na questão do militarismo) e chegou às suas últimas consequências.

E não só a doutrina marxista está em condições de refutá-la teoricamente, como ainda é a única que pode explicar o oportunismo como fenômeno histórico no desenvolvimento do Partido. A marcha para frente, de importância mundial, do proletariado até a vitória final, não é, com efeito, "coisa tão simples assim". Toda a particularidade desse movimento reside precisamente no fato de deverem as massas populares, pela primeira vez na história e contra todas as classes dominantes, impor uma vontade própria que só irão realizar passando por cima da sociedade atual, saindo dela. Mas, por sua vez, só podem as massas formar essa vontade numa luta constante contra a ordem existente, nos quadros desta. A união de grandes massas populares para uma finalidade que ultrapassa toda a ordem social existente, a união da luta cotidiana com grande reforma mundial, eis o grande problema do movimento social-democrata, que deve logicamente abrir-se um caminho, em todo o curso do desenvolvimento, entre duas escolhas: o abandono do caráter de massa, e o abandono da finalidade, a queda no sectarismo e a queda no movimento reformista burguês, o anarquismo e o oportunismo.

Sem dúvida, a doutrina marxista já há meio século forneceu, de seu arsenal teórico, armas esmagadoras, tanto contra um como contra o outro extremo. Mas, sendo nosso movimento precisamente um movimento de massa, e não decorrendo do cérebro humano, mas das condições sociais, os perigos que o ameaçam, não podia a doutrina marxista, de uma vez por todas, garantir-nos contra os desvios anarquistas e oportunistas. Só depois de passar do domínio teórico ao prático é que eles podem ser sobrepujados pelo próprio movimento, isso, é verdade, só com o auxílio das armas fornecidas por Marx. Com o "movimento de independência", já triunfou a social-democracia do menor desses dois perigos – o infantilismo anarquista. Quanto ao perigo mais temível, a hidropisia oportunista, ela o está sobrepujando agora mesmo.

Dada a enorme extensão que o movimento adquiriu nestes últimos anos, dado o caráter complexo das condições em que deve travar-se a luta e das tarefas que devem ser empreendidas, era forçoso que viesse o momento de se manifestarem no movimento certo ceticismo no tocante à realização das grandes finalidades, hesitações no tocante ao elemento ideal do movimento. É assim, e não de outra forma, que pode e deve desenrolar-se o grande movimento proletário, e esses momentos de desânimo e hesitado longe de constituir surpresa para os marxistas, foram ao contrário há muito previstas e preditos por Marx.

As revoluções burguesas – escrevia Marx há meio século, em seu *O 18 brumário de Luis Bonaparte* – como as do século XVIII, precipitam-se rapidamente de sucesso em sucesso, seus efeitos dramáticos ultrapassam um ao outro, homens e coisas parecem envoltos em resplendores do diamante, o entusiasmo, que chega ao êxtase, é o estado permanente da sociedade – mas são de breve duração. Bem depressa atingem o ponto culminante e grande mal-estar se apodera da sociedade antes dela ter sabido apropriar-se calma e pausadamente dos resultados de sua fase tempestuosa. Ao contrário, as revoluções proletárias, como as do século XIX sofrem constante auto-crítica, interrompem a cada momento o próprio curso, reconsideram o que parecia já consumado, para recomeçá-lo outra vez, escarnecem impiedosamente das hesitações, fraquezas e misérias de suas primeiras tentativas, parecem só derrubar o adversário para deixá-lo recuperar novas forças ao contato do solo e erguer-se de novo, mais formidável, enfrentando-as, constantemente tornam a recuar diante da infinita imensidão de suas próprias finalidades, até criar-se enfim a situação que torne impossível um retrocesso, até que as próprias circunstâncias gritem:
Hic Rhodus, hic salta![9].

---

[9] Rodes é aqui, aqui é preciso saltar!

Mesmo depois da elaboração da doutrina do socialismo científico, este trecho permaneceu exato. Assim o movimento proletário nem mesmo tornou-se, de uma só vez, social-democrata, nem ainda na Alemanha. Vai-se encaminhando para lá de dia em dia, constantemente sobrepujando desvios extremos para a anarquia e o oportunismo, que meio passam, um e outro, de fases determinadas do desenvolvimento da social-democracia, considerado como *processo*.

Eis porque não é o aparecimento da corrente oportunista que surpreende, e sim, ao contrário, a sua fraqueza. Enquanto só se mostrou em casos isolados da atividade prática do Partido, podia-se ainda supor que tivesse uma base teórica séria. Mas, agora que se manifestou completamente no livro de Bernstein, só se pode exclamar com espanto: então, é só isso que tem a dizer? Nem sombra de uma ideia original! Nem uma só ideia que já não tenha sido refutada, esmagada, escarnecida, reduzida a zero pelo marxismo, e isso há várias décadas!

Bastou que o oportunismo tomasse a palavra para mostrar que nada havia a dizer. E é somente nisso que consiste toda a importância do livro de Bernstein para a história do Partido.

E assim, despedindo-se do modo de pensar do proletariado revolucionário, da dialética e da concepção materialista da história, pode Bernstein dar-lhes graças pelas circunstâncias atenuantes que concedem à sua conversão. Porque só a dialética e a concepção materialista da história, magnânimas que são, podiam apresentá-lo sob o aspecto de instrumento predestinado, inconsciente, por meio do qual se exprime o desfalecimento momentâneo da classe operária em ascensão, que, tendo-o visto de perto, depois o atira longe, com sarcasmos e balançando a cabeça.

Notas

ANTI-DÜHRING – Designa-se sob esse título o livro que Friedrich Engels consagrou à refutação das teorias do professor Dühring, e cujo verdadeiro título é: *Herren Eugen Dührings Umwälzung der Wissenschaft*.

ARTESANATO – Classe dos artesãos. Sistema de trabalho dos artesãos. Estado e condição de artesão.

BERLEPSCH, Hans Hermann, barão von (nascido em 1843) – Homem de Estado prussiano. Ocupou vários postos elevados na administração de seu país. Ministro do Comércio de 1890 a 1896. Fundou em 1901 a Sociedade para Reforma Social.

BERNSTEIN, Eduard (1850-1932) – Um dos principais teóricos do Partido Social-Democrata Alemão e da Segunda Internacional, cerca de 1890. Levantou mais tarde a bandeira da revisão do marxismo. Aderiu à social-democracia pela altura de 1870. Aliou-se às teorias do professor Dühring, que abandonou, contudo, depois da crítica vigorosa que Engels fez a este último. Viveu na Suíça na época das leis de exceção contra os socialistas e tornou-se, em 1880, redator-chefe do *Social-Democrata*, órgão ilegal do Partido Social-Democrata Alemão, publicado em Zurique, e deu-lhe uma orientação nitidamente marxista, graças aos conselhos que recebia de Engels. Em 1888, expulso da Suíça a pedido do governo alemão, juntamente com todos os outros redatores do *Social-Democrata*, dirigiu-se a Londres, onde ficou sob a influência direta de Engels. É nesta época que ele escreve sua obra intitulada: *Socialismo e democracia na grande revolução inglesa*, assim como seus estudos sobre Lassalle.

Depois da morte de Engels, Bernstein abandonou o marxismo revolucionário. Na introdução que escreve à sua tradução da *História da Revolução de 1848 na França*, de Louis Héritier, tomou posição contra o levante de Junho dos operários parisienses e se solidarizou com a posição tomada por Proudhon em relação à Revolução de 1848. Esta introdução não atraiu, na época, a atenção dos socialistas, embora apresentasse uma revisão completa, não somente das concepções históricas de Marx sobre a Revolução de 1848, mas também das concepções fundamentais do marxismo em geral.

Bernstein completa sua ruptura com o marxismo com uma série de artigos publicados na *Neue Zeit* e intitulados: *Problemas do socialismo*. É em um destes artigos que ele escreve a frase famosa "objetivo final nada é. O movimento é que é tudo". Sua carta ao congresso de Stuttgart (1898) e seu livro intitulado *Die Voraussetzungen des Sozialismus und die Aufgaben der Sozial-demokratie* nada mais fizeram que dar ao revisionismo sua forma definitiva. Ele aí renunciou, no fundo, não somente ao marxismo, mas também a todos os princípios do socialismo revolucionário.

Anistiado em 1901, Bernstein volta à Alemanha, é eleito deputado ao Reichstag e faz aparecer o *Sozialistiche Monatsheft*, que se torna o órgão dos revisionistas.

Durante a guerra, Bernstein defendeu uma posição pacifista. Aderiu à oposição centrista de Kautsky e Haase, mas pronunciou-se contra a organização do Partido Social-Democrata independente e voltou depois do fim da guerra às fileiras da social-democracia.

As ideias de Bernstein tiveram uma imensa influência, não somente sobre a social-democracia alemã, mas também sobre todo o movimento operário internacional. Pois o revisionismo é a expressão ideológica da adaptação da classe operária às condições criadas pelo capitalismo no curso do período de 1800 a 1911. Ele reflete as aspirações pequeno-burguesas da aristocracia operária.

BLANQUI, Louis-Auguste (1805-1881) – Célebre revolucionário francês. Muito jovem, começou a luta política contra a realeza,

Notas

filiando-se ao carbonarismo. Participou da Revolução de 1830, conspirou contra o regime de Louis-Philippe. Em 1839, foi condenado à morte por haver organizado um levante armado. Sendo comutada sua pena, foi encerrado em Mont-Saint-Michel. Depois da Revolução de Fevereiro, foi de novo condenado a dez anos de prisão. Libertado em 1859, foi aprisionado de novo em 1861. Refugiando-se na Bélgica, depois de sair da prisão, fomentou novas conspirações contra o Império. Dirigiu o movimento insurrecional de 14 de Agosto de 1870. Em 4 de Setembro, pediu a constituição de um governo revolucionário ditatorial. Detido algum tempo antes da Comuna foi condenado à deportação em recinto fortificado. Seus partidários desempenharam um papel considerável no movimento comunal. Em 1878, foi libertado por uma campanha de imprensa.

Blanqui era partidário da conjuração e da organização sistemática da insurreição por uma vanguarda escolhida. Ele acreditava que as massas, premidas por sua situação econômica e política difíceis, seguirão sempre o movimento e lhe assegurarão o êxito definitivo. Ao contrário de Proudhon, ele era pela luta política do proletariado, pela conquista do poder e pela ditadura do proletariado. Adversário resoluto de todo compromisso, lutou até o último dia pela causa de emancipação do proletariado.

BÖEHM-BAWERK, Eugen (1851-1914) – Economista e político austríaco. Escreveu muitas obras de economia política, nas quais defendia a teoria do valor fundado sobre a utilidade. Foi o representante mais destacado da escola austríaca em economia política, exercendo influência enorme sobre a ciência econômica burguesa no fim do século XIX e começo do século 20. Adversário resoluto do marxismo.

BRENTANO, Luis (nascido em 1844) – Economista alemão. Ensinou economia política em Breslau, Strasburg, Viena, Leipzig e Munique. Foi um dos fundadores do "Socialismo de cátedra", mas, ao contrário de seus colegas, pronunciou-se a favor do livre-cambismo. Autor de obras de economia política e social.

CAPRIVI DE CAPRERA DE MONTECUCCOLLI, Georges-Léon, conde de, (1831-1899) – General e homem de Estado prussiano. Participou da guerra contra a Áustria e da guerra contra a França. Em 1883, foi nomeado subsecretário de Estado para a Marinha e chefe do Almirantado. Em 1888, recebeu o comando do 10º corpo

Notas

do exército. Em 1890, sucedeu ao príncipe de Bismarck na qualidade de chanceler do Império alemão. Sob inspiração de Guilherme II, Caprivi esforçou-se por abrandar o regime interior do Império e neutralizar as tendências socialistas do proletariado alemão, tomando nas mãos a defesa de seus interesses econômicos. Fracassando a experiência, Caprivi foi substituído pelo príncipe Hohenlohe.

CATÃO, Marcus Porcius, apelidado o Antigo ou o Censor (232-174 a.C.) – Senador romano. Célebre por sua austeridade, sua rigidez e avareza. Convencido de que era necessário destruir Cartago como perigosa rival de Roma, terminava todos os seus discursos por estas palavras: "Cartago deve ser destruída".

COOPERATIVISMO – Sistema que se propõe a resolver a questão social por meio da extensão das associações cooperativas. O cooperativismo nega a luta de classe e admite a passagem pacífica e gradual da sociedade capitalista à sociedade cooperativista.

DÂMOCLES – Cortesão que viveu sob Dionísio, o Antigo, tirano de Siracusa, cerca de 400 a.c. Fatigava o tirano pela persistência e baixeza de suas adulações. Não cessava de exaltar diante dele a felicidade da realeza. Um dia em que Dâmocles retomava seu tema ordinário sobre a vida feliz dos príncipes, Dionísio convidou-o a tomar seu lugar por um dia e deu ordens para que Dâmocles fosse tratado como rei. Vestido de roupas magníficas, o cortesão, tendo à cabeça o diadema real, nadava em delícias, quando no meio do banquete, Dionísio convidou-o a levantar os olhos para o teto da sala. Ele aí viu suspensa acima de sua cabeça, uma espada nua, sustida somente por uma crina de cavalo. Levantando-se apavorado, exortou Dionísio a que pusesse fim à sua realeza. Ele havia compreendido o que é a felicidade de um tirano.

A alusão à espada de Dâmocles é uma figura de retórica frequentemente usada para lembrar o perigo que pode ameaçar um homem no meio de sua aparente prosperidade.

DAVID, Eduard (nascido em 1863) – Social-Democrata alemão, economista, revisionista. Escreveu em 1903 o estudo *O socialismo e a agricultura*, onde tentou provar a inconsistência da doutrina econômica de Marx no domínio da agricultura. Recebeu uma réplica arrasadora de Lenin (ver a *Questão agrária e os "críticos de Marx"*, Obras completas, edição francesa, tomo IV, página 197). Em 1903, foi eleito deputado ao Reichstag. Durante a guerra imperialista, foi socialista chauvinista. Depois, da Revolução de 1918 entrou no governo de coalizão (1919-1920). Representante característico do revisionismo, realizou a evolução típica das supostas retificações "científicas" à teoria de Marx, à luta aberta contra o proletariado revolucionário.

DOM QUIXOTE – Herói do romance de Cervantes, *Don Quijote de la Mancha*, escrito no século XVI, e no qual é feita uma crítica satírica da cavalaria agonizante pelo capitalismo nascente. Por extensão, designa-se sob este nome um homem que se faz campeão de causas mais ou menos extravagantes.

DUALISMO – Chama-se dualismo toda doutrina que admite a coexistência de dois princípios "eternos", necessários e independentes um do outro.

FALANSTÉRIO – Habitação da falange, unidade social da sociedade futura, no sistema de Fourier. A falange se compõe de cerca de 1.500 pessoas dedicando-se cada uma ao trabalho que mais lhe agrade. O trabalho, tornado assim atraente, far-se-á sem esforço e será infinitamente frutuoso.

Fourier tentou pôr suas ideias em prática fundando um falanstério em Condé-sur-Vire, mas o empreendimento não teve bom êxito.

FOURIER, François-Marie-Charles (1772-1837) – Escritor socialista utópico francês. Trabalhou a maior parte de sua vida como empregado no comércio. Em 1808, publicou a *Teoria dos quatro movimentos e dos destinos gerais*, em que expõe sua doutrina econômica e os princípios de sua doutrina social que desenvolveu em 1822 no *Tratado da associação doméstica e agrícola*. Ele pretendia demonstrar que a felicidade da humanidade seria realizada pela criação de falanstérios, pequenas comunidades de 1.200 a 1.500 pessoas, onde todos os bens seriam em comum. Fourier contava, para pôr em prática suas ideias, com a benevolência de filantropos. Em 1830, ele conseguiu enfim, graças ao dinheiro posto à sua disposição, criar um falanstério em Condé-sur-Vire e fundar um jornal, *O Falanstério*, destinado a propagar suas ideias. Mas ambos os empreendimentos fracassaram.

HEINE, Wolfgang (nascido em 1891) – Político alemão. Advogado em Berlim. Social-Democrata da direita. Preconizou a política chamada de "compensação", consistindo em fazer concessões à política imperialista do governo alemão a fim de receber dele cer-

Notas

tas liberdades políticas. Membro da fração social-democrata no Reichstag. Durante a guerra, pronunciou-se em favor da defesa da pátria alemã. Foi eleito para a Assembleia Nacional em 1919. Em 1919-1920, foi ministro da Justiça, e depois, do Interior.

HERKNER, Heinrich (nascido em 1863) – Economista alemão. Ensinou economia política em Carlsruhe, Zurich, Charlottenburg e Berlim. Escreveu a *Questão operária* (1894).

HOHENLOHE-WALDENBURG-SCHILLINGSFÜRST, Chlodwig Karl Viktor Fürst zu, príncipe de (1819-1901) – Homem de Estado alemão. Fez parte da Câmara bávara. Chamado pelo rei da Baviera para a presidência do Conselho dos Ministros, combateu as tendências clericais. Em 1871, foi eleito deputado ao Reichstag. Em 1874, nomeado embaixador da Alemanha na França. Em 1885, governador da Alsácia-Lorena. Acentuou a pressão burocrática e a política de germanização do país. Em 1894, sucedeu a Caprivi na qualidade de chanceler do Império. Promulgou um código civil comum a todo o Império.

JEVONS, William Stanley (1835-1882) – Filósofo e economista inglês. Ensinou filosofia na universidade de Londres, depois economia política em Manchester e Londres. Autor de obras sobre diferentes questões filosóficas e econômicas. Defendeu a teoria do valor fundada sobre a utilidade.

KANT, Emanuel (1724-1804) – Célebre filósofo alemão. Ensinou filosofia em Koenigsberg. Autor da *Crítica da razão pura* e da *Crítica da razão prática*. Sua filosofia dá por função ao espírito humano, não encontrar os princípios das coisas, mas as próprias coisas, tais como nos aparecem em suas relações conosco. Kant exerceu influência considerável sobre o desenvolvimento ulterior da filosofia, sobretudo na Alemanha.

KIAO-TCHEOU – Porto chinês importante na província de Can--Tung. A baia de Kiao-Tcheou foi ocupada pela Alemanha em 1897. A convenção de 6 de Março de 1898 concedeu por arrendamento, a esta potência, as águas da baía e o território adjacente, em torno do qual a Alemanha exercia influência num raio de 50 quilômetros. Em 1915, os japoneses se apoderaram de Kiao-Tcheou.

A ocupação de Kiao-Tcheou pela Alemanha marca o começo da política de expansão colonial da Alemanha.

LANGE, Frederico Alberto (1818-1875) – Escritor e filósofo alemão. Foi a princípio professor em Colônia, Bonn e Duisburg. Em 1862, abandonou o magistério para se consagrar inteiramente à política. Ligou-se à social-democracia. Publicou em 1865 a *Questão operária em sua significação no presente e no futuro*, que teve grande repercussão e na qual ele recomenda, como único meio de resolver a questão social, a educação das classes populares, o enobrecimento dos caracteres, a expansão dos prazeres intelectuais e morais. Em 1866, publicou a *História do materialismo*, sua obra capital.

LASSALLE, Ferdinand (1825-1864) – Um dos principais dirigentes do movimento operário alemão dos anos de 1860, brilhante orador e publicista. Em 1848, tomou parte no movimento revolucionário na Alemanha e colaborou na *Nova Gazeta Renana*, dirigida por Marx. A partir de 1854, ele se consagrou inteiramente ao trabalho científico e escreveu sucessivamente a *Filosofia de Heraclito, o Obscuro* (1857), *Franz de Sickingen*, drama em verso (1859), a *Guerra da Itália e o dever da Prússia* (1859) e a *Teoria dos direitos adquiridos* (1860). Lassalle começou sua atividade política em 1862. Durante dois anos, escreveu uma grande quantidade de brochuras e pronunciou um grande número de discursos onde desenvolveu seu programa. Ele preconizava a formação de um partido operário para a conquista do sufrágio universal e a criação de cooperativas de produção para permitir à classe operária ser sua própria fornecedora. Com este fim, ele pronunciou, sob Bismark, conferências severamente condenadas por Marx e Engels.

Lassalle foi morto em duelo em 1864, depois de dois anos de atividade unicamente política. Malgrado o pouco êxito obtido enquanto vivo por sua propaganda, sua ação exerceu não pequena influência sobre a classe operária alemã. Seus partidários constituíram, depois de sua morte, o partido lassaliano, que se opôs ao Partido Social-Democrata operário fundado por W. Liebknecht e A. Bebel, os "eisenachianos", até o momento da fusão, que se realizou em 1875, no congresso de Gotha.

LIBERALISMO – Doutrina burguesa do capitalismo industrial nascente dirigida contra a regulamentação feudal da vida econômica por parte do Estado. O liberalismo pronunciou-se contra a ingerência do Estado nas relações entre o trabalho e o capital. Sua palavra de ordem principal continua a ser *"Laissez faire, laissez passer"*.

Notas

LUIS FILIPE – (1773-1850) – Rei dos franceses de 1830 a 1848. Filho do duque Louis-Philippe-Joseph d'Orleans (Égalité). Pronunciou--se ao mesmo tempo que seu pai em favor da revolução, entrou na Guarda Nacional e aderiu ao Clube dos Jacobinos. Depois da traição de Dumouriez, sob as ordens do qual se encontrava, Louis--Philippe, ainda que não tendo participado da conspiração contra a República, foi obrigado a deixar a França e se reconciliar com os Bourbons. Depois da Revolução de Julho e da abdicação de Carlos X, foi proclamado rei dos franceses.

Louis-Philippe foi o típico rei burguês. Seu reinado representa o domínio da grande burguesia, e particularmente da alta finança. Depois da Revolução de Fevereiro, refugiou-se na Inglaterra, onde morreu em 1850, no castelo de Claremont (perto de Windsor).

MANIFESTO DO PARTIDO COMUNISTA – Manifesto redigido, em 1847, por Karl Marx e F. Engels em nome da Liga dos Comunistas de Londres, e que contém um exposto magistral dos princípios do socialismo científico. O *Manifesto do Partido Comunista* foi publicado em todas as línguas e obteve êxito imenso no movimento operário moderno, do qual ele determinou toda a orientação.

MONISMO – Sistema filosófico que explica o universo pela existência de um elemento único. O marxismo é uma filosofia monista porque unifica os dois conceitos de matéria e de força, que os sistemas dualistas haviam separado.

NAPOLEÃO III, Louis-Napoléon Bonaparte (1808-1873) – Imperador dos franceses de 1852 a 1870. Era filho do irmão de Napoleão I, Louis, rei da Holanda, e de Hortense Beauharnais, filha de Josefina, primeira mulher de Napoleão I. Em sua mocidade, entrou em relações com a sociedade secreta dos carbonários, e participou da insurreição da Romanha contra o papa. Considerou-se como pretendente ao trono francês. Tentou uma primeira vez um golpe de Estado em Strasbourg (1836), depois em Boulogne (1840), depois do qual passou seis anos na fortaleza de Ham, de onde conseguiu evadir-se e refugiar-se na Inglaterra. Depois da Revolução de 1848, foi eleito para a Assembleia Constituinte. Em 10 de Dezembro de 1848, foi eleito presidente da República, 5.434.226 votos, contra 1.448 votos do general Cavaignac. Em 2 de Dezembro de 1851, desferiu o golpe de Estado que preparava há muito tempo. Em 2 de Dezembro de 1852, foi proclamado imperador dos franceses.

Seu reinado foi o triunfo da reação, tanto no interior como no exterior. Terminou, depois do desastre de Sedan, pela proclamação da República. Após a queda do Império, Napoleão III passou o resto de sua vida na Inglaterra.

OPPENHEIMER, Franz (nascido em 1864) – Economista alemão. Ensinou economia política em Berlim e Frankfurt. Defensor do socialismo liberal. Apresenta-se como discípulo de Marx. É na realidade um inimigo decidido do marxismo revolucionário. Escreveu a *Teoria da economia política e a economia pura* (1911), *Economia mundial e economia nacional* (1915), e a *Grande propriedade fundiária e a questão social* (1922).

OWEN, Robert (1771-1859) – Célebre socialista utópico inglês. Proprietário da fábrica de New Lanark, nela aplicou alguns de seus princípios socialistas. Preconizou a comunidade dos bens em seu livro intitulado *Novas opiniões sobre a sociedade* (1813-1816). Estabeleceu na América comunidades do gênero da de New Lanark que fracassaram na maioria.

PATRICIADO – Ordem dos patrícios. Em Roma, o patriciado era composto dos membros das famílias originadas das três tribos primitivas das quais saiu o povo romano, em oposição à plebe, de origem estrangeira e servil.

Na Idade Média o patriciado era, da mesma maneira, formado pelos membros das grandes famílias, as mais ricas e as mais antigas de que se compunha a burguesia citadina. Opunha-se à multidão dos artesãos e dos companheiros e ocupava com exclusividade todos os cargos da cidade.

PÉREIRE, Isaac (1806-1880) – Deputado dos Pirineus Orientais ao Corpo Legislativo, de 1863-1869. Autor de muitos escritos e brochuras sobre diferentes questões de economia social. Seu irmão, Jacob Emile Péreire, era um financista célebre.

PLACE, Francis (1770-1854) – Alfaiate. Em 1793, dirigiu uma greve de alfaiates que terminou por um fracasso que o lançou ao desemprego durante oito meses. Em 1794, aderiu à Sociedade de Correspondência fundada por Thomas Hardy, a primeira organização política da classe operária inglesa. Abandonou-a três anos mais tarde quando ela tomou caráter revolucionário secreto. Estabeleceu-se então por sua conta e adquiriu rapidamente uma

Notas

grande fortuna. Aproximou-se dos burgueses liberais. Não perdeu, contudo, o contato com a classe operária e desempenhou papel considerável na supressão da lei sobre a interdição das coligações operárias (1824). Participou igualmente da redação da "Carta do povo". Permaneceu porém sempre partidário de uma colaboração da classe operária com as classes médias.

POSADOWSKY-WENNER, Artur-Adolfo, conde de – Estadista alemão. Ocupou muitos cargos na administração. Ministro prussiano. Membro do Reichstag de 1912-1918. Membro da Assembleia Nacional de 1919-1920 (nacionalista).

PREMISSAS – Chamam-se premissas, em lógica, as duas primeiras proposições de um silogismo. Por extensão: proposições, fatos, princípios dos quais decorre qualquer consequência.

PROUDHON, Pièrre Joseph (1809-1865) – Escritor francês, representante clássico do socialismo pequeno-burguês. Filho de um camponês pobre empregado numa cervejaria, Proudhon trabalhou como corretor em Paris, em Marselha, e em outras cidades. Dirigiu durante algum tempo uma imprensa em Besançon. Seu primeiro escrito: *Que é a propriedade* (1840) e que contém a frase famosa: "A propriedade é um roubo!" teve uma grande ressonância. Publicou em seguida o *Sistema das constituições econômicas ou filosofia da miséria* (1846), ao qual Marx respondeu com a *Miséria da filosofia*" (1847). Proudhon escreveu igualmente a *Capacidade política das classes operárias*, que exerceu uma profunda influência sobre o movimento operário francês. Logo após a Revolução de 1848, Proudhon foi nomeado membro da Assembleia Constituinte. Depois do golpe de Estado de Louis Napoleão, refugiou-se na Bélgica onde permaneceu até a sua morte.

RESTAURAÇÃO – A palavra Restauração se aplica, de uma maneira geral, ao restabelecimento no trono de uma dinastia decaída. Designa, na França, o período que segue a volta dos Bourbons, e vai até a Revolução de 1830.

RICARDO, David (1772-1823) – Célebre economista inglês. Filho de um corretor de fundos, ele adquire em pouco tempo uma fortuna considerável, graças a hábeis especulações, o que lhe permite ocupar-se com questões científicas. A leitura das obras de Adam Smith levou-o ao estudo da economia política. Escreveu os *Princípios de economia política* (1817) no qual desenvolveu a teoria do valor de

Notas

Adam Smith, formulou a teoria do salário natural, que mais tarde foi retomada por Lassalle sob o nome de "lei de bronze dos salários", e estabeleceu a lei da renda territorial.
Ricardo é o teórico, por excelência, da burguesia industrial.
Marx lhe deve muito, assim como a Adam Smith, mas o criador do socialismo científico tirou dos princípios estabelecidos por ele outras conclusões que não as suas.

RODBERTUS, Johannes-Karl (1805-1875) – Político e economista alemão. Membro da Assembleia Nacional de 1840. Ministro dos Cultos no gabinete Hansemann, que durou 15 dias. Dirigiu o centro esquerdo na segunda Câmara de 1849.
Rodbertus é o fundador do socialismo conservador. Publicou numerosas obras de economia política, cuja principal é intitulada: *Para o esclarecimento da questão social* (1875).
Lassalle, que estimava bastante Rodbertus, manteve com ele longa correspondência.

SAY, Jean-Baptiste-Léon (1826-1896) – Economista e político francês. Deputado da Assembleia Nacional em 1871. Prefeito do Sena em 1871; depois, a partir de 1872, ministro das Finanças, em vários gabinetes sucessivos até 1879. Nomeado presidente do Senado em 1880, entrou para a Academia Francesa em 1886.
Léon Say conduziu, até sua morte, uma campanha encarniçada contra o socialismo. Escreveu o *Socialismo de Estado* (1884), as *Soluções democráticas da questão dos impostos* (1886), *Turgot* (1887). Dirigiu o *Dicionário das ciência políticas*.
Léon Say é o mais típico representante da escola liberal francesa.

SCHIPPEL, Max (1859-1928) – Militante socialista alemão. Fez parte da ala direita revisionista do Partido Social-Democrata Alemão. Redator do *Sozialistische Monatshefte*, o órgão dos revisionistas alemães. De 1890 a 1905, membro da fração social-democrata do Parlamento. Escreveu a *Prática da política comercial* (1917).

SCHMOLLER, Gustav (1832-1917) – Economista e historiador alemão. Ensinou economia política em Halle, Strasburg e Berlim. Foi um dos fundadores do "socialismo de cátedra" e da Associação para a Política Social. Foi o chefe da nova escola histórica da economia política alemã. Escreveu diversas obras de economia política e social, entre as quais citaremos: *Contribuições para a política social e econômica dos tempos presentes* (1908), *Esboço da economia política geral* (1901), *Questões fundamentais da política social e econômica* (1898) e *A questão social* (1918).

SCHULZE-GAEVERNITZ, Gerhart von (nascido em 1864) – Economista liberal alemão. Ensinou economia política em Breslau. Em 1912, foi eleito deputado ao Reichstag, onde se uniu ao grupo progressista. Escreveu, entre outras, *A paz social* (1890), *A Inglaterra e a Alemanha, O imperialismo britânico* (1915).

SÍSIFO – Rei legendário de Corinto na mitologia grega. Condenado a seguir Tanatos, deus da morte, aos infernos – por ter denunciado Zeus, raptor de Egina – rogou à sua mulher, diz a lenda, que não lhe prestasse as honras fúnebres. Chegando aos infernos, ele lamentou-se a Hades, deus dos infernos, e dele obteve a permissão de voltar momentaneamente à terra para castigar o culpado. Uma vez de volta a Corinto, ele recusou voltar à morada dos mortos. Novamente preso por Mercúrio, que o conduziu sob boa guarda aos infernos, foi condenado por Hades a empurrar eternamente sobre a encosta de uma montanha um rochedo que sempre rolava antes de atingir o cume. É daí que vem a expressão: um trabalho de Sísifo, para designar um trabalho penoso, que é necessário recomeçar sem cessar.

SMITH, Adam (1723-1790) – Filósofo e economista escocês. Começou sua carreira dando curso de literatura em Edimburgo, depois, de lógica em Glasgow. No curso de uma viagem à França, ligou-se a Turgot, Quesnay e aos filósofos da Enciclopédia. Em 1776, publicou as *Pesquisas sobre a natureza e as causas da riqueza das nações*, em que estabelece que o trabalho é a fonte de toda riqueza, estuda as causas que aperfeiçoam o poder produtivo do trabalho e a ordem segundo a qual os produtos se distribuem entre as diferentes classes.

Adam Smith deve muito aos fisiocratas e particularmente a Turgot. Entretanto, representa sobre eles um progresso considerável visto que reconhece à indústria o lugar primordial que ela ocupa na produção. A esse respeito, Adam Smith é o fundador da economia política burguesa, dita clássica. Seu livro exerceu uma influência considerável, não somente sobre os economistas, mas também sobre os socialistas, e notadamente sobre Karl Marx.

SOCIALISMO DE CATEDRA – Chama-se assim, por desprezo, o socialismo pregado por um certo número de professores alemães

(Schmoller, Wagner, Brentano, Schaeffle), e que tinha por objetivo fornecer ao Estado o meio de intervir eficazmente na luta entre o capital e o trabalho. Em seu primeiro congresso, que se realizou em Eisenach, em 1872, proclamaram que seu objetivo era a introdução de reformas sociais para a proteção da classe operária. Fundaram a Associação para as Reformas Sociais, cuja única atividade consistia em assembleias gerais anuais nas quais eram lidos relatórios acadêmicos sobre diferentes temas. A Associação estampou além disso uma centena de publicações sobre questões econômicas.

No Reichstag, os "socialistas de cátedra" votaram a lei de exceção contra os socialistas e apoiaram a política de Bismarck.

SOCIEDADE ANTIGA – Designa-se assim a sociedade baseada na escravidão, da Antiguidade.

SOCIEDADE MEDIEVAL – Sociedade que sucedeu à sociedade escravagista da Antiguidade, e que era baseada na servidão. Emprega-se, mais correntemente, a expressão sociedade feudal.

STUMM HALBERG, Karl-Ferdinand von (1836-1901) – Industrial e homem político alemão. Proprietário das siderurgias de Neunkirchen. Membro conservador do Reichstag. Defensor dos direitos aduaneiros protecionistas.

UTOPISMO – Sistema fundado sobre uma utopia, isto é, sobre um plano imaginário de sociedade socialista, ao qual se chegaria não pela luta de classe, mas por meio de persuasão, por exemplo. A palavra utopia vem do título de uma obra de Thomas Morus (1518) na qual o autor imagina uma terra desconhecida, a ilha da Utopia, em que seria realizada a organização ideal da sociedade.

VOLLMAR, Georg von (1850-1922) – Militante socialista alemão. Primeiramente foi oficial bávaro. Em 1876, aderiu ao Partido Social-Democrata Alemão. Foi membro do Raichstag desde 1881. Antes social-democrata da esquerda, passou para a direita depois da suspensão das leis de exceção contra os socialistas. Foi um dos chefes da ala revisionista no partido alemão.

WAGNER, Adolf (1835-1917) – Economista alemão. Ensinou economia política em Berlim. Foi um dos fundadores do "socialismo de cátedra" e da "Associação para a Política Social". De 1882 a 1885, foi deputado no Reichstag. Publicou um *Manual de economia política* em quatro partes.

Notas

WEBB, Beatrice (nascida em 1858) – Historiadora socialista e cooperativista inglesa. Consagrou-se, desde cedo, ao estudo das questões sociais. Escreveu entre outros trabalhos o *Movimento cooperativista na Grã-Bretanha* (1891), e o *Salário do homem e da mulher*. Depois colaborou nas obras de seu marido, Sidney Webb.

WEBB, SIDNEY (nascido em 1859) – Escritor socialista inglês. Ocupou diferentes postos na administração. Professor de administração pública na Universidade de Londres. Foi um dos fundadores da Sociedade Fabiana, cujo objetivo era a propagação do socialismo chamado "fabiano", essencialmente reformista. Fundou a escola de ciências políticas. Preconizou o socialismo municipal.

Escreveu, em colaboração com Beatrice Webb, a *História do trade-unionismo, a Teoria e a prática dos sindicatos ingleses*. Deputado trabalhista em 1922. Membro do Comitê Executivo da Segunda Internacional.

WEITLING, Wilhelm (1808-1871) – Um dos primeiros teóricos revolucionários alemães. Operário alfaiate, viveu de 1838 a 1841 em Paris, onde se familiarizou com as teorias comunistas de Fourier e de Blanqui; depois, de 1841 a 1843, na Suíça, onde se ocupou ativamente da propaganda comunista entre os operários alemães. Chegando a Zurich, sofreu uma pena de prisão de alguns meses, sendo expulso em seguida. Após uma pequena estada em Berlim e Hamburgo, transportou-se para Londres, onde permaneceu um ano e meio, continuando sua propaganda. Em 1846, partiu para a América, onde ficou até a morte.

Seus principais escritos são: *A humanidade tal qual ela é e tal qual deveria ser* (1838), *O evangelho do pobre pecador e as garantias da harmonia e da liberdade* (1842). Preconiza o estabelecimento do comunismo por meio de uma revolução violenta provocada, levando ao extremo a desordem e a anarquia social existente. Esses escritos tiveram na época grande ressonância, mas as ideias de Weitling foram rapidamente abandonadas pelo socialismo científico de Marx e de Engels.

WOLFF, Julius (nascido em 1862) – Economista alemão. Ensinou economia política em Zurich, Breslau e Charlottenburg. Escreveu *O sistema da política social* (1892), *A Alemanha e o mercado mundial* (1861), *A economia como ciência exata* (1908).